말의 숙성

시간이 완성한 문장들

프롤로그: 인터뷰 멘트를 톺아보다
1,000명을 인터뷰하다

사람을 만난다. 이야기를 나눈다. (주로 듣는다.) 그리고 그것을 정리하여 사람들에게 전달한다. 그것이 기자로서 하는 여러 업무들 중 하나인 '인터뷰'의 기본적인 형태다. 전혀 모르거나, 혹은 거의 모르는 타인을 만나서 약 1시간 정도의 시간을 어색하지 않게, 더욱이 양질의 내용을 자연스럽게 끄집어내는 것은 아무래도 쉽지 않은 일이다. 많은 준비를 해도 계획대로 흘러가는 경우보다 그렇지 않은 경우가 더 많고, 전혀 예고도 없이 (때문에 아무런 준비도 없이) 인터뷰 상대를 맞이해야 하는 경우도 적잖게 발생한다. 물론 그 어떠한 상황의 인터뷰도 상당량의 에너지 소모를 필요로 한다는 공통점이 존재한다.

만 10년이 넘는 시간 동안 만났던 인터뷰이의 명단과 더불어 인터뷰 녹취를 풀어낸 녹취록을 차곡차곡 모아 두고 있다. 특별히 뭔가를 해보려는 의도라기보다는 그저 아주 오래된 정리벽 때문이다. 최근 해당 인터뷰이 목록이 천 명을 넘어섰다. 물론 그중에는 (조금 과장해서) 분초 단위까지 생생하게 기억나는 인상적인 인터뷰도 있고, '내가 이런 사람을 정말로 인터

" "

뷰했어?' 하고 놀라게 되는 이들도 있다. 기록을 도움 삼아 기억을 끄집어내는 작업 과정에서 톺아보니 그저 인터뷰의 한 조각으로 묻어두기 아까운 멘트들이 눈에 띈다. 당시에는 잘 몰랐는데, 묵혀두니 오히려 더 빛이 나게 된 것도 있다.

시간이 지나 더 단단해지기도 하는 말의 숙성에 대해 이야기를 해보고 싶다.

목차

" "

66　99

목표 같은 걸 세우지 않는다.

목표 같은 걸 세우지 않는다.
목표를 세우고 그걸 이루면
그 뒤는 뭔가 너무 허무할 것 같다.

배우 김고은, 2016년 2월 인터뷰에서

인터뷰에서 가장 힘든 시간을 꼽자면, 첫 번째 질문을 하기 전에 서로 간의 어색함을 조금이라도 떨쳐내는 시간이 아닐까 싶다. "요즘 어떻게 지내세요?" 형태의 가벼운 근황 정도의 인사를 주고받는 것이 일반적이지만, 그것 역시도 '나는 너에게 이제 곧 질문을 줄줄이 쏟아낼 거야'라는 신호탄을 의무감으로 쏘는 것 같아 괜히 멋쩍을 때가 있다.

"어? 우리 어디서 본 적 있죠?!"

카페 테이블을 사이에 두고 마주 앉은 순간, 김고은 배우가 뱉은 첫마디다. 제작발표회, 간담회 등 일대 多의 만남을 제외하자면 일대 일 인터뷰는 (내 기억에는) 이번이 처음이다. 지나치게 흔한 얼굴 탓인지, 아니면 출연한 TV 프로그램을 봤던 것인지 그 정확한 답을 인터뷰가 다 끝날 때까지 결국 찾아내지 못했다. 대화 사이사이 "아~ 어디서 봤더라? 어디서 봤어요?"라는 말이 갑자기 툭툭 튀어나오긴 했지만, 오히려 그게 말과 말 사이의 공백을 메워주는 역할을 했다.

우리는 그 아주 사소한 오해 덕분에 처음이라는 어색함을 미뤄둔 채 이미 알고 있던 사이처럼 속이 꽉 찬

" "

이야기를 주고받을 수 있었다. <치즈인더트랩>은 김고은 배우의 드라마 첫 출연작이자 주연작이었고, 시작부터 끝까지 여러모로 관심을 받았던 작품이었기에 우리가 주고받을 문답은 아주 풍성했다.

정해진 시간이 다 되면, 인터뷰를 마무리한다. 인터뷰를 끝내는 사인은 다양하지만, 대개는 '앞으로의 일'을 묻는 방식을 활용한다. 앞으로 출연하고 싶은 작품, 앞으로 맡아보고 싶은 배역, 앞으로 배우로서의 목표, 앞으로 인생의 목표 등. 이는 여러 갈래로 뻗어나간 인터뷰 내용을 기사화할 때 가장 효율적으로 매듭짓기 적합하다. 식상함이 버무려진 이 같은 기계적인 질문에 "목표 같은 걸 세우지 않는다"라고 돌아온 답변은 그래서 어쩌면 더 신선하게 다가왔다. "좋은 배우의 기준은 시간이 흐르면서 달라진다"는 말을 덧붙이며, 애초에 달라질 기준점을 붙들고 괜한 시간 낭비를 하지 않겠다는 그 이야기가 좋았다. 이를 그날의 인터뷰 이후에도 몇 번이고 곱씹는다.

학창 시절, 집요하게도 계획을 세웠던 시절이 있었다. 어쩔 때는 거의 집착에 가까웠다. 한 달 뒤, 일 년 뒤, 심지어 십 년 뒤. 지금 와 돌아보면 그렇다고 딱히 계획대로 이뤄진 게 없다. 목표라는 녀석이 어떤 식으

" "

로든 삶의 원동력이 되었는지도 사실상 의문이다. 도리어 잘 알지도 못하는 '미래의 나'를 위해 '현재의 나'를 포기하고 고스란히 내어준 억울한 기분마저 든다. 미래의 나를 위해 현재의 나를 놓을 필요는 딱히 없다. 급변하는 사회에서 지금 철썩 같이 옳다고 생각한 방향이 나중엔 옳지 않은 방향이 되어버릴지도 모른다. '가급적 손이 닿을 정도의 단기 목표만 세우기'. 요즘의 내가 찾은 나름의 대안이다.

목표라는 것은 어떤 의무감에 떠밀려 세워야 하는 것이 아니며, 누군가에게 보여주기 위한 용도가 될 필요는 더더욱 없다. '넌 앞으로 어떻게 살 거냐?'라고 다그치듯 대답을 강요하는 작금의 세상에서 스스로 부끄럽지 않게 매 순간 최선을 다해 살아내고 있다면 그것으로 이미 충분하다. 그렇게 가만히 흘러가다 보면 자연스레 무언가에 가닿는 순간이 올 것이다. 그렇게 믿는다.

 " "

     9

호의를 베풀면 호구가 되는 세상

처음 작품에 임했을 때
"모두 다 주인공이다.
한 사람이 주인공이 아니니깐
다 함께 '으샤으샤'하자"고 해준
신원호 감독님과 이우정 작가님께
감사를 드리고 싶다.
가족들도 <응답> 시리즈를
정말 좋아하는데, 가문의 영광이다.

배우 박보검, 2016년 2월 인터뷰에서

착하면 손해 보는 세상, 호의를 베풀면 호구가 되는 세상에 살고 있다. 본인의 경험, 혹은 지인과 동료를 통해 전해 들은 이야기, 그게 꼭 아니더라도 인터넷과 SNS를 떠도는 수많은 에피소드가 힘을 모아 '마음 독하게 먹고 살아야지'라는 생각을 심어주는 시대다. 착한 고객은 호갱이 되어 지갑을 열어 돈들의 외출을 독려할 뿐인 존재로 비추어진다. 엔터테인먼트 업계도 예외는 아니다. 오히려 심하면 더 심했지.

혹시라도 착한 사람이 보이면 주변 사람 모두가 달려와 충고하듯 조언한다. "여기는 그렇게 살면 안 되는 곳이다"라고. 이기적으로, 여우처럼, 성공하기 위해 머리를 굴리고 또 굴려야 하는 곳이라고 강조한다. 이미 성공한 이쪽 업계 사람들이 모두 다 그래 왔다고, 실명을 끄집어내 친절한 예시를 들어가며 긴 설명을 덧붙이기도 한다. 결론은 항상 "그래서 넌 이렇게 살면 안 돼!"가 된다. 한쪽 귀로 듣고 다른 쪽 귀로 흘려내기 어려울 만큼 쏟아져 들어오는 방대한 이야기의 물량에 결국 몽글몽글한 마음을 저 안쪽 깊숙한 곳에 꽁꽁 싸매 숨겨놓게 된다. 손해보고 싶은 사람은 아무도 없고, 그 누구도 호구를 자처하고 싶진 않으니깐.

박보검 배우를 만났다. tvN 드라마 <응답하라

" "

1988>(이하 <응팔>)을 끝내고, <꽃보다 청춘-나마비아> 편을 찍고 귀국한 다음이었다. 지나치게 예의 바르고, 따뜻하고, 한 마디 한 마디에 진심을 다해 또박또박 이 야기를 이어갔다. 토끼처럼 눈을 동그랗게 뜨기도 했 고, 천진난만한 웃음을 터뜨리기도 했다. 신기했던 것 은 이미 스타의 반열에 오른 상황임에도 불구하고 자신 을 둘러싼 성공의 원인을 모두 주변 이들에게 떠미는 모습이다. 신원호 PD, 이우정 작가를 비롯해 함께 호흡 했던 배우들을 향한 격한 칭찬과 고마움을 한가득 쏟아 냈다. 삐뚤게만 세상을 바라보는 나로서는 <응팔>에 출 연한 것을 놓고 눈을 동그랗게 뜨고 "가문의 영광"이라 말하는 것을 듣고 좀 과도한 겸손이 아닌가 하며 진정 성에 대한 의심의 눈초리를 거두지 않았다. (확실히 우 리의 직업병이다.)

그날 인터뷰 이후에도 박보검을 둘러싼 미담이 쏙쏙 귀에 수집됐다. 차기작 KBS 2TV 드라마 <구르미 그린 달빛>은 또 대박이 났다. 해당 작품이 끝나고 <응팔>의 신원호 PD를 만나 이야기를 나눌 기회가 있었는데, 박 보검에게 오는 연락들에 대해서 우연히 듣게 되었다. "덕분에 <구르미 그린 달빛>을 잘 끝냈다고 연락하고, 감사하다고 계속 문자가 온다. 아니, 그 드라마 잘 된 게 왜 내 덕이냐?"라고 툴툴거리면서도 기분 좋게 웃는 신원호 PD를 보면서 박보검의 그 마음과 태도를 향해 겨누었던 의심을 완전히 걷어내기로 마음 먹었다. 박보검의 그 착함은 '찐'(*진짜)이라고. 착한 사람은 결국 성공의 문턱을 밟지 못하고 사라지기만 했다는 이 연예계에 '박보검'이라는 배우의 존재는, 그 자체로 충분히 중요한 의미다.

"독해야 살아남는다"는 이야기를 (자의든 타의든) 모아서 곳곳에 배포하는 행위는, 어쩌면 스스로 옳지 않다고 여기는 언행이 생성하는 죄책감을 덜어내기 위함은 아니었을까. 착하거나 나쁜 것은, 성공 가능성을 뒤집을 만큼 중차대한 요소가 아닐지 모른다. 그러니 '평생'은 아니라도, '단 하루'라도 박보검처럼 이런 마음을 품고 살아보면 어떨까. 잘생긴 얼굴 말고, 따뜻하고 겸손한 그 마음씨로 말이다.

" "

인생은 회전목마가 아니다

미끄러지는 부분이 있으면
다시 올라오면 된다.
그저 탄탄대로만 달리다가 확
미끄러지는 것보다 훨씬 더 낫다.

배우 김남길, 2014년 7월 인터뷰에서

김남길은 '웃긴' 배우다. 실제로 겪어본 사람들이 이러한 이야기를 글이나 말로 부지런히 전하기도 하지만, 좀처럼 멀리까지 번지질 않는다. 그의 하이톤 수다를 실제 눈 앞에서 보고 듣고 있자면 웃음이 절로 스며 나오게 된다. 본인 스스로도 인터뷰 혹은 방송에 나와 그러한 지점을 때때로 언급하는데, 작품 속에서 본 강렬한 캐릭터 이미지가 뇌리에 깊게 박혀 아무래도 잘 씻겨나가지 않는 것은 도무지 어쩔 수가 없다. (난 여전히 드라마 <선덕여왕> 속 피칠갑한 비담의 모습의 잔상이 아른거린다.)

인터뷰이를 만날 때 염두에 두어야 할 것 중 하나가 이러한 '이미지'로 생겨나는 '선입견'이다. 카리스마가 넘칠 것이라 생각했는데, 막상 만나보니 웃긴 경우는 유쾌한 반전 매력으로 받아들여질 수 있으니 그나마 괜찮다. 반대의 경우라면 어떨까? 넉살 좋은 코믹한 이미지로 자리매김한 배우를 만났는데, 실제 성격은 진지하고 과묵한 경우를 예로 상상해 보자. '오늘 뭔가 기분이 안 좋은가?' '나한테 왜 이러지'하고 자칫 오해를 하게된다면, 그것만큼 곤란하고 난처한 게 또 없다. 인터뷰이의 입장에서는 실제의 모습을 보여줬는데, 이를 곧이곧대로 받아들이지 못하는 것만큼 낭패가 없다. 그 인터뷰는 시작도 하기 전에 실패다.

이미 어느 정도 친분이 있거나, 몇 번 만나본 적이 있는 사이의 인터뷰라면 편하고 좋겠지만, 그렇지 않고서는 이러한 경우에 부딪히는 경우가 은근히 자주 생겨난다. 때문에 이러한 시행 착오를 피하고자 행하는 것이 관계자나 주변인의 사전 인터뷰다. 해당 기획사 사람도 좋고, 한 번 작업을 해보았던 방송이나 영화, 혹은 화보 현장의 스태프도 괜찮다. 이미 겪어본 누군가의 조언은 확실한 도움이 된다.

모두의 인생이 늘 성공의 연속이라면 얼마나 행복하겠냐만은, 우리네 인생이 그렇게 전개되는 경우는 극히 드물다. '인생지사 새옹지마', 좋은 일이 있으면 나쁜 일도 있는 법. 우리 앞에 벌어지는 수많은 일들은 결코 예고를 동반하지 않으며, 기대와 예상을 오히려 멀찌감치 빗나가는 경우가 더 잦다.

어쩌면 가장 중요한 것은 그 상황을 받아들이는 태도에 달려있다. 한 작품 한 작품, 평가대에 올라서야 하는 연예인의 삶도 예외는 아니다. 한껏 노력을 쏟은 작품이 대중의 외면을 받거나, 스스로의 의도와 무관하게 긴 공백기나 슬럼프를 맞게 되는 경우가 생길 수 있다. 이건 불가항력인 경우가 대부분이다. 인기의 하강 궤도

" "

는 가파를수록 더 아프다. (생전 인기라는 것을 얻어본 적이 없는 나로서는 알 수 없으나, 여러 인터뷰를 통해 수집한 정보를 통해 짐작한다.)

미끄러지는 부분이 있으면 다시 올라오면 된다.

김남길 배우는 공백기, 혹은 이전 작품이 큰 사랑을 받지 못했던 상황에 대한 이야기를 하며 덤덤한 말투로 긍정적인 생각의 중요성을 강조했다. 그의 모습은 그래서 더욱 빛났고, 가치 있어 보였다. "좋은 일과 안 좋은 일이 롤러코스터처럼 반복됐지만, 그저 탄탄대로만 달리다가 확 미끄러지는 것보다 훨씬 더 낫다"는 말은 딱히 뭔가를 더하고 뺄 게 없을 만큼 탁월한 설명이라 여겨졌다.

인생은 회전목마가 아닌, 굴곡 심한 롤러코스터에 가깝다. 탑승한 그 순간부터 수시로 오르내린다. 다행히도 하염없이 솟구치기만 하거나, 바닥까지 뚫고 하강하는 경우는 좀체 일어나지 않는다. 예측을 벗어나 곳곳에서 튀어나오는 앞날을 마주할 때, 우리가 취할 수 있는 가장 좋은 태도는 김남길 배우가 말했던 것처럼 가능한 긍정적인 마인드를 장착하는 것이 아닐까. 거듭 생각해도 딱히 그것 만한 게 없다.

" "

빠른 변화에 몸을 맞춘다

레귤러한 프로그램으로
자리 잡을 수 없는데도
시도할 수 있는 분위기는
케이블이기에 가능했다.
그것이 이곳 케이블의 장점이라면,
단점은 모든 것에 지나치게
변화가 빠르다는 것. 자칫 거기에
내 몸을 맞추지 못하면
시도만 하다가 끝날 수도 있다.

나영석 PD, 2013년 7월 인터뷰에서

지금껏 만난 가장 마음에 드는 인터뷰이를 꼽아보라면 그중에 한 명은 분명 나영석 PD일 것 같다. 예능 PD를 꿈꾸었던 마음이 사적인 존경심으로 형성되었을지 모른다는 합리적 의심을 차치하고서라도, 그와의 인터뷰는 늘 뭔가 끝나고 나면 개운한 기분이 들곤 했다. 애매모호하게 돌려 답하지 않았고, (공개되지 않아야 할 이야기를 추후 논의해 제외하더라도) 일단 물은 것에 대해서 담백하고 솔직한 답변을 꺼내 주었다. 들으나마나 한 상투적 이야기나 동문서답인 경우가 아주 희박하니, 아무리 짧은 시간이 주어져도 의미 있는 인터뷰가 가능했다.

　　나영석 PD가 tvN으로 옮긴 이후, 가장 많은 횟수의 인터뷰를 진행한 이가 아마도 내가 아니었을까. (아니면 말고.) <꽃보다> 시리즈와 <삼시세끼> 시리즈가 정말 쉼 없이 공개되었을 무렵, 피어나는 의문을 빠른 시간에 해소하는 것에 대한 일종의 사명감 같은 것이 어느 순간 형성되었을 정도다. 전라남도 목포에서 '만재도'로 가는 배에도 승선한 적이 있는데, 그 배에서 차승원, 유해진, 손호준의 선상 인터뷰를 진행하기도 했다. (이후 만재도 본 촬영에 방해되지 않게, 인터뷰 직후 목포로 곧장 돌아왔다.)

KBS가 아직 tvN의 존재를 크게 신경 쓰지 않던 시절, 나영석 PD는 지상파에서 케이블로 옮겼다. 일각에서는 그가 어마어마한 연봉 제안에 혹해서 그곳으로 옮겼다 추측했고, 업계에서조차 그것을 기정사실로 받아들이는 분위기가 형성됐다. 하지만 그가 그곳에서의 첫 번째 프로그램 <꽃보다 할배>를 만들고, 처음으로 했던 인터뷰에서, 몇 분채 걸리지도 않아서 그 의문은 아주 말끔하게 해소되었다. 여전히 프로그램의 '영속성'을 최우선으로 하며, 한 10년쯤 우려먹을 수 있을 초강력 레귤러 프로그램을 고집하는 지상파의 집착은 좋아했다가도 금방 질리고 곧바로 또 새로운 것을 원하는 시청자의 욕구를 절대 만족시킬 수 없는 구조였던 셈이다. 벌써 10년도 더 지나버린 당시의 이 멘트는 <윤식당>, <신서유기>, <알쓸신잡>, <스페인 하숙> 등의 연타석 홈런을 통해 나 PD의 선택이 얼마나 옳았는지를 확실하게 확인시켜주고 있다.

인터뷰어의 질문 의도를 정확히 파악하는 그 능력은, 시청자의 의도를 이해하는 것과 맞닿아 있다고 생각된다. 자신의 고집을 일방적으로 밀어붙이는 것이 아니라, 공감과 소통을 통하여 상대의 의중을 정확하게 헤아리는 것은 비단 예능 PD로서의 역량을 벗어나 웬

" "

만한 직종이라면 꼭 필요한 중요한 능력치가 아닐까. '인터뷰'의 경우라면 대충 뭉개서 던져놓은 답변도 인터뷰어가 공을 들여서 읽기 쉬운 형태로 매만져 내놓을 수 있다. 하지만 실제 사회의 업무 전선에서 맞닥뜨리는 일과 상황들은 결코 그럴 수 없다. 그러니 하고 싶은 말을 잘 이해할 수 있게 전달할 수 있는 능력, '전달력' 도 중요하다.

누군가의 뒤로 가는 길은,
반짝거리지 않아

회사에서 무언가 할 때
자꾸 날 먼저 시킨다.
시행착오를 겪는 게 억울하지만,
먼저 한 사람이란 것에 대한
명예 같은 게 있다.
누군가의 뒤로 가는 길은 쉽지만,
반짝거리지는 않는다.

가수 보아, 2012년 8월 인터뷰에서

'최초'라는 타이틀은 굉장하다.

그 누구도 가보지 않은 영역에 처음으로 발을 들여놓는 일이란 것은 상상 만으로 짜릿하다. 밤새 수북이 쌓인 새하얀 눈 길 위에 첫 번째 발자국을 새기는 것으로도 설레는데, 아무도 가 본 적 없는 미지의 영역에 첫 족적을 남기는 기분은 도대체 얼마만큼 황홀할까. "그냥 남들이 하던 대로 하라"는 말로 유별난 사람 취급을 받거나, "그것은 잘못됐다"라는 비난을 받을 수도 있다.

하지만 결국 세상을 바꾸는 것은 늘 이러한 '최초'의 영역에 발을 내디딘 누군가다.

'최초'를 가로막는 여러 요인들이 있지만 가장 한심하고 답답한 것을 꼽자면 "내가 아는 게 다 맞다", "그것은 절대로 안 된다" 류의 그릇된 선입견과 그것으로 인하여 형성된 잘못된 확신을 스스로 맹신하는 이들이 아닐까. 그들은 평생 누군가 닦아놓은 안정된 길만 따라서 걸어왔고, 자신이 걸어온 길만 절대적으로 옳은 길이라는 잘못된 신념으로 가득 찼다. "나는 옳고 너는 틀렸다", "이것도 다 너를 위해서 해주는 이야기"라는 식의 '꼰대표 오지랖'을 부지런히 헤쳐서 뚫고 꿋꿋하게 앞으로 나아가는 것이 중요한 포인트다.

변화의 속도가 갈수록 더 빨라지고 있다. 안정된 영

역이란 이제 더 이상 존재하지 않는 시대다. 기존의 고정된 관념을 확실히 부러뜨리고 새로운 길을 찾아 앞으로 나아가는, '최초'의 타이틀을 거머쥐는 자가 앞으로의 시대를 선도하게 될 것이다.

확신에 가득 찬 눈빛으로 인터뷰 내내 당당하게 자신의 목소리를 냈던, 빛나는 가수 보아처럼.

" "

" "

궁금증 유발자

궁금증을 유발할 수 있는
배우가 됐으면 한다. 적어도 영화를
찍는다고 했을 때, 궁금해서
한 번은 보고 싶게 하는 그런 배우.
그게 드라마라면 딱 1회라도 볼 수 있게
강한 호기심을 자극하는
그런 배우이고 싶다.

배우 조정석, 2015년 8월 인터뷰에서

뻔한 것은 매력 없다. 뻔한 상황, 뻔한 사람, 뻔한 일상. 누군가는 예측 가능한 이 익숙함에 안정감을 느끼기도 하겠지만, 그 안정감은 결국 무료함과 안일함을 낳을 뿐이다. 예측 불가능한 우리네 삶이 예상하지 못한 의외의 방향으로 뻗어나갈 때, 두려우면서 한편으로 설레는 감정이 피어나는 것은 그러한 연유에서다.

궁금하다는 것, 궁금해진다는 것은 대상에 대한 관심이다. 애초에 관심이 없다면 궁금증도 없다. 그러니 궁금증을 유발한다는 것은, 확실히 누군가의 관심을 받고 있다는 방증이 되기도 한다. 대중의 이목을 끌어야 하는 것을 업으로 하는 이들은 그래서 부단히 '궁금한 사람'이 되어야만 한다. 그들에게 '뻔하다'는 평가만큼 처참한 것은 또 없으니까.

2012년 개봉한 영화 <건축학개론>에서 납뜩이라는 캐릭터로 큰 관심을 끌었던 배우 조정석. '이토록 강렬한 이미지를 과연 다른 작품을 통해 벗어낼 수 있을까', 이것이 당시 그를 바라보던 대다수의 시선이었다. 그렇다면 940만 명을 동원하며 흥행한 영화 <엑시트>, 다음 시즌이 항상 기대되는 <슬기로운 의사생활>을 통해 그가 만들어낸 것은 무엇인가? '다음에는 또 어떤 캐릭터로 돌아올까?'라는 강렬하고도 또렷한 궁금증이다. 그는 호기심을 자극하는 그런 매력 넘치는 배우로 자리매김했다.

궁금증을 유발한다는 건 결국 기대를 저버리지 않으면서도 예상을 벗어난다는 뜻이다. 쉽지 않은 일이다. 안전한 선택을 하면 새로울 게 없고, 너무 과감하면 신뢰를 잃는다. 그 아슬아슬한 경계를 넘나들며 매번 다른 얼굴을 보여주는 것. 그게 가능한 사람은 많지 않다. 조정석은 그걸 해냈다.

조정석 배우를 만난 건 tvN 드라마 <오 나의 귀신님> 종영 후였다. 매 작품마다 인생 캐릭터를 경신한다는 표현이 식상해서 사용하기 싫지만, 그가 출연한 작품을 볼 때마다 그런 생각이 예고 없이 불쑥 튀어나오는 것은 도무지 막을 방도가 없다. 매번 다양한 캐릭터로 변신하는 그를 보는 것 자체가 즐거움 그 자체다.

나는 어떤가. 누군가에게 궁금한 사람일까. 어쩌면 뻔한 사람으로 살다가, 뻔한 결과만 남기고 끝나는 건 아닐까. 궁금증을 유발하는 삶이란 결국 용기 있는 선택의 축적일지도 모른다.

배역도 작품도 자꾸만 더 궁금하게 만드는 조정석 배우처럼, 우리도 누군가에게 궁금증을 유발하는 그런 사람이, 그러한 인생을 살아보는 것은 어떨까.

" "

뻔하지 않은.

배우의 자산은 캐릭터

캐릭터는 배우에게 있어 자산이다.
(배우는) 캐릭터에 대한 욕심이
있어야 한다. '김영호'나 '강철중'을
관객의 기억 속에서 상쇄시키려면,
더 센 캐릭터가 필요하다.

배우 설경구, 2015년 9월 인터뷰에서

무작정 나이차를 들이밀며, 옳고 그름을 밀어붙이며 강요하는 것은 완전히 틀렸다. 살아온 세월에 비례하여 지혜가 쌓이는 것은 아니라는 사실을 최근 부쩍 느끼게 하는 일들이 더 잦아졌다.

이와 마찬가지로, 직업 연차가 쌓인다고 해서 해당 업력이 자동으로 올라가는 것도 결코 아니다. 회사에서 높은 지위를 꿰차고 연차가 무색하리만치 정말 아무런 일도 하지 못하는 무능력한 이들이 널리고 널린 세상 아닌가. (그들이 살아가는 방식은 사내 정치를 하고, 유능력한 후배를 찾아내 꼰대처럼 찍어 눌러 자기에게 복종시키는 것 말고는 딱히 없다.)

포털사이트에서 만화 기획 일을 시작으로, 드라마 마케팅 인턴과 바이럴 영상 제작을 거쳐 결국 연예부 기자의 길로 들어섰다. 그렇게 다양한 일을 경험하며 이제는 기자로서도 제법 긴 시간을 보냈다. 여러 업무를 오가며 수많은 사람을 만나온 덕분에 한 가지는 확실히 배웠다. 세상에는 참 다양한 일이 있고, 각 직업마다 그에 맞는 자산이 따로 존재한다는 것. 돋보이는 디자인 감각, 프로그래밍 능력, 탁월한 사무 처리, 체계적인 회계 실력, 듣는 이를 설득하는 언변 등, 각자의 영역에서 필요한 기술과 자산이 다르다는 사실이다.

" "

결국 자산이란, '남들이 쉽게 빼앗을 수 없는 나만의 것'을 뜻한다. 직업마다 형태는 달라도 본질은 같다. 한 번 쌓이면 꾸준히 갱신해야 하고, 방심하면 금세 퇴색된다. 눈에 보이지 않지만, 시간이 지나면 분명히 차이가 난다. 그래서 어떤 사람은 일을 오래 해도 제자리에 머물고, 또 어떤 사람은 비슷한 시간을 보내도 전혀 다른 깊이를 만들어낸다. 그것이 곧 '직업의 숙성'이자, 자신만의 자산을 쌓아가는 과정이다.

기자 혹은 잡지 에디터의 경우라면? 오래 고민해보고 동종업계 사람들과 이야기도 나눠보니, 역시나 '네트워크'다. 우리는 어떤 일을 진행하더라도 수많은 사람과의 관계를 요한다. 항상 우위에 있지도, 늘 끌려다니지도 않는다. 엎치락뒤치락하는 과정에서도 발밑이 아닌 전체를 보아야 하고, 서로의 능력치를 제대로 파악해 효율적이고 합리적인 관계를 맺는다. (그러니 여기서 가장 버티기 힘든 사람을 꼽는다면 '일 못하고 착한 사람'이 아닐까.)

중요한 것은 어느 직종이든 자신이 몸담고 있는 분야의 핵심 자산이 무엇인지 정확히 파악하고, 그것의 축적을 게을리하지 않는 일이다.

영화 <서부전선> 개봉과 맞물려 인터뷰를 위해 마

" "

주 앉았던 설경구 배우는 이와 같은 사실을 정확히 알고 있는 사람이었다. 십수 년 동안 자신을 따라다니는 영화 <박하사탕>의 김영호, <공공의 적> 강철중 등의 캐릭터를 다시금 언급하며 "캐릭터는 배우의 자산"이라는 말로, 캐릭터에 대한 배우로서 자신의 욕심을 힘주어 말했다.

배우의 캐릭터, 기자의 네트워크. 각자의 직업적 자산에 대한 고민이야말로 자신이 걸어온 길, 지금 걷는 길, 그리고 앞으로 걸어갈 길에 대한 흔적이자 이정표 아닐까.

" "

그렇게 '다른' 사람이 된다

'마술을 부리는 배우'라는
평을 봤는데,
그게 정말 좋아서
요즘 거기에 퐁당 빠져있다.

배우 공효진, 2011년 7월 인터뷰에서

배우에게 '배우를 해서 좋은 점'이 무엇인지 물을 때가 있다. 그러면 가장 자주 돌아왔던 답변이 "여러 인생을 살아볼 수 있어서"다. 태어나서 죽을 때까지 아무리 발버둥 쳐도 오직 딱 하나의 인생을 살 수밖에 없는 보통의 사람들과 달리, 배우는 한 번의 생애에 여러 인물로 살아보는 것이 가능하다.

방송국 PD, 정신과 의사, 경찰, 셰프, 교사. 짧은 시간이지만 그 배역을 맡아 연기하는 동안 배우는 실제 그 인물이 된다. 그 역할의 감정과 고뇌가 자신에게 밀려와 감당하지 못하기도 하고, 작품이 끝난 뒤에도 인물을 완전히 벗어나지 못해 괴로워하기도 한다. 여러 인물로 살아가는 동안 진짜 자신을 잃어버린 것 같다고 토로하는 배우들도 있다. 온전히 다른 인물이 된다는 건 그만큼 어렵고, 그만큼 고된 일이다.

요즘 KBS 2TV 드라마 <동백꽃 필 무렵>을 다시 보고 있다. 공효진, 강하늘 등 개인적으로 좋아하는 배우가 함께 출연한다는 것이 작품 선택의 이유였다. 공효진 배우는 아빠 없이 아들을 홀로 키운 미혼모 동백이 역을 맡아, 매회 눈물을 적극적으로 짜내 탈수증상을 유발시킨다.

동백이의 행복을 빌며 자연스레 영화 <미씽: 사라진

여자>도 보고, 드라마 <괜찮아, 사랑이야>도 OTT로 다시 정주행 중이다. 영화관에서 봤던 <가장 보통의 연애>도 재시청했다. 그러다 문득 공효진 배우가 인터뷰 당시 꺼냈던 '마술'이라는 단어가 떠올랐다. 마술, 그것만큼 배우의 캐릭터 변신을 적절하게 표현할 단어는 없어 보인다.

배우가 아니니 여러 인생을 살아볼 수 없다. 한 번의 생애, 하나의 이름, 정해진 역할. 가끔 답답하다고 느낄 때가 있다. 늘 같은 사람으로 살아가는 게. 그래서인지 인터뷰를 할 때, 상대의 이야기 속으로 깊이 들어가려 애쓴다. 그들의 시선으로 세상을 보고, 그들의 언어로 생각해보려 한다. 완전히 그 사람이 될 수는 없지만, 잠시나마 다른 인생을 엿보는 기분이 든다.

글을 쓸 때도 비슷하다. 누군가의 이야기를 빌려 또 다른 이야기를 쓴다. 배우가 대본 속 인물을 통해 자신을 드러내듯, 나는 인터뷰이의 말 속에서 세상을 읽는다. 공효진이 동백이가 되고, 표나리가 되고, 구애정이 되듯, 글을 쓰는 동안 나도 조금씩 다른 사람이 된다. 완전한 변신은 아니어도, 잠시 다른 시선을 살아보는 것. 어쩌면 그게 이 일을 계속하게 만드는 이유일지도 모른다.

배우는 그런 점에서 확실히 마술사다. 몇 달 전 보았

던 배역과 전혀 다른 인물이 되어 돌아왔는데, 시청자의 몰입을 완벽하게 유도해야 한다. 눈 밑에 점만 찍어서는 금방 들통나고 만다. 정말로 그 사람으로 새롭게 다시 태어나야만 한다. 그게 말이 쉽지, 그것을 직접 행하는 배우의 노력은 감히 가늠할 수도 없을 지경이다. 긴 시간 동안 수도 없는 변신을 하며 오래도록 큰 사랑을 받고 있는 공효진은 그러니 마술을 부리는 배우가 틀림없다. 그것도 실력이 아주 탁월한 마술사.

요즘 너 행복해?

"정말 행복한 직업이라 생각한다.
난 성격이 급한 편이다.
회사원은 열심히 해도
보상이 주어지기까지 어느 정도는
시간이 걸릴 수밖에 없는데,
코미디는 1초도 안 돼서 웃음이 나온다.
나도 행복하고, 웃는 사람도 행복하고,
모두가 행복한 그런 피드백이다."

방송작가 유병재, 2015년 6월 인터뷰에서

"요즘 너 행복해?"

최근 2~3년간 사람들을 만나면 잊지 않고 꼭 물어보는 말이다. 이 질문에 "난 요즘 정말 행복해"라고 고민도 없이 답했던 사람이 과연 있었는지 가물가물할 정도로 그 수는 현저히 낮다. 대개는 "행복한 사람이 세상에 어디 있느냐?"며 "그냥 산다"라는 쓸쓸한 설명이 대충 덧대어진다. 재미가 없어도 회사를 다니고, 먹고살기 위해서 기계적으로 일을 한다.

인생이 언젠가부터 재미도 없고, 행복과는 아주 동떨어진 세상으로 흘러가고 있다. 그것을 큰 문제로 여기지 않는 이유는 심플하다. 자신뿐만 아니라, 주변 대부분의 사람들이 다 그렇게 살고 있기 때문이다. 괜히 혼자서 궁상을 떨 필요는 없다. 행복 따위를 묻는 의미 없는 행동은 자체적으로 생략한지 오래다. 그렇기에 이 같은 질문이 몹시 어색하고, 당황스럽다. 기억도 안 나는 아주 오래전, 그 언젠가부터 그냥 하루하루를 산다. 아니, 살아내고 있다.

'직업'이라는 것이 그저 돈을 벌기 위한 수단이 되어버렸다. 그러니깐 힘든 것도 참아내야 하고, 부당한 것도 모른 척 넘어가야 하고, 부품처럼 자신에게 할당된 분량의 일을 기계적으로 처리할 뿐이다. 그렇다면 일을

" "

제외한 나머지 삶은 그나마 행복할까?

슬프게 그것도 또 아니다. 일의 영역이 삶의 나머지 영역을 예고 없이 침범해 '워라밸'이란 단어를 비웃기라도 하듯 '워라일체'의 라이프가 순식간에 눈 앞에 펼쳐졌다. 자신이 서 있는 곳을 인지할 때는 이미 벗어날 수 없을 만큼 깊숙하게 들어와 버렸다.

아무리 인터뷰 중이라도, 자신의 삶이 완전히 행복하다는 이야기는 쉽게 돌아오지 않는다. (물론 "난 지금 불행해서 미칠 것 같아!"라는 투의 이야기가 나올 리도 없다.)

인터뷰를 위해 몇 번인가 마주했던 유병재 작가는 화면으로 보이는 것보다 훨씬 더 진지했다. 그리고 자신의 업에 대해 각별한 애정을 내비쳤고, 행복에 대한 만족도가 상당했다. 인터뷰 형태가 아닌, 사람으로서 이야기를 나누어보고 싶은 사람. tvN <SNL코리아>시절보다 인지도가 더 높아지고, 영향력이 커진 그가 여전히 행복하게 자신의 직업을 마주하고 있었으면 좋겠다.

입버릇처럼 흔히 내뱉는 "죽지 못해서 산다"는 말이 앞으로 언젠가는 아주 해괴망측한 문장이 되었으면 한다. 상대방의 '행복'을 묻는 게 전혀 이상하지 않은 세상, 오늘도 즐거웠고 내일도 유쾌한 하루를 기대하는

" "

시대가 모두에게 선물처럼 왔으면 싶다.

이 글을 읽고 있는 당신은, 지금 행복한가?

보여지는 나와 실제의 나,
그 사이의 간극

밝고 웃는 모습을 많이 보여주면,
사람들이 그런 부분을 기대하고
보고 싶어 하는 것 같다.
하지만 하나의 성격만 가진 사람은
세상에 실제로 존재하지 않는다.
나도 다른 이들처럼
희로애락의 감정을 모두 느낀다.
내 안에 이 모든 감정이 담겨있다.
웃는 것도, 슬픈 것도,
화내는 것도, 짜증 내는 것도,
그 어떤 것도 전부 다 나다.

배우 송지효, 2012년 11월 인터뷰에서

우리가 결정하는 모든 것들은, 온전히 스스로의 의지에 의한 최종 답안일까?

그리스 신화에 나오는 '프로크루스테스'라는 인물이 있다. 자신의 침대에 사람들을 눕혀 침대보다 크면 자르고, 작으면 늘여서 죽이는 끔찍한 악당이다. '프로크루스테스의 침대'는 여기에서 유래된 말로써 타인의 생각을 억지로 자신에게 맞추려 하는 융통성 없는 고지식한 사람을 의미한다.

우리는 일찍부터 수많은 것들을 타인이 세워놓은 기준에 부합하기 위해 부단히 그것을 맞춰가며 세상을 살아왔다. 기준에 어긋나면 큰 문제라도 생기는 것 같은 사회 분위기 속에서, 때로는 실제의 나를 꽁꽁 싸매 숨기면서 억지로 맞춰내기 위해 부단히 애를 쓰기도 했다. 프로크루스테스처럼 우리의 사고를 재단하기 위해 혈안이 된 사람들이 무서워서.

연예인의 경우 이러한 부분에 특히 취약하다. 그들의 인지도를 높여준 방송 프로그램 혹은 출연작에 의하여 굳혀져 버린 특정 이미지가 흡사 실제 그들의 본모습인 양 착각해 벌어지는 수많은 일에 대해서 방송이나 뉴스 등을 통하여 접하고 있다. 그럼에도 불구하고 이러한 일은 좀처럼 중단되지 않는다. 프로크루스테스의 끔찍한 절단은, 여전히 우리 사회에 만연해있다.

인간은 공장에서 똑같은 형태로 찍어서 나오는 기성품이 아니다. 그렇기에 타인에게 보여지는 나, 그들에게 보여지고 싶은 내 모습, 실제 자신이 가진 본질적인 모습에는 모두 다 간극이 생길 수밖에 없다. 간극이 벌어진다고 해서 자책하거나 스트레스를 받을 필요는 없다. 그보다는 진짜 자신의 모습을 누군가에게 내보이는 것에 두려워하지 않고, 부끄러워하지 않는 지점에서부터 이 고민은 비로소 시작되어야 하는 게 아닐까.

"그 어떤 것도 전부 다 나다"라고 자신의 목소리를 내는 송지효처럼.

" "

" "

하루하루의 과제, 단지 그것

특별한 건 하나도 없다.
연기란 건 내가 출연해서
작품으로 평가받는 분야다.
계속 열심히 할 수밖에
다른 방법은 없다. 내가 감당해야 할
과제들이 눈앞에 있다 보니
쉬지 않고 뛰게 됐다.
남들이 보기에는 오버 워크라
여겨질지 모르지만 난 단지
내 하루하루의 과제를 하는 것뿐이다.

배우 이순재, 2009년 12월 인터뷰에서

연예계는 특별한 사람들만 존재하는 리그로 인식된다. 실제로 인터뷰이를 마주했을 때, 그들을 둘러싼 어떠한 묘한 '아우라' 같은 것이 확연하게 느껴질 때도 있다. 그럴 때면 인터뷰 내내 그것에 압도당하지 않으려고 나름의 안간힘을 써야 하고, 그러한 인터뷰가 끝나면 몸 안의 모든 에너지가 소진된 기분에 사로잡힌다. 우리끼리는 '기가 빨린다'라는 표현을 사용하기도 한다.

　기자의 입장에서는 인터뷰 기사 역시 독자에게 전해야 하는 일종의 '뉴스'로 인식한다. 그러한 이유로 일반적이지 않은, 뭔가 새로운 것을 끄집어내고 싶은 욕구가 절실하기도 하다. 하지만 한 시간 가량의 시간 안에 충격적인 고백을 자연스럽게 이끌어내는 것 자체가 사실은 현실성이 턱없이 결여된 생각이다. 더욱이 이야기를 몇 마디 나누다 보면 앞선 아우라가 무색하리만치 아주 보통의 사고를 가진 이들을 확인하는 경우가 많다. 그들 역시도 우리와 마찬가지로 이 사회를 이루는 구성원의 일부이다. '기행적' 사고를 품는 경우는 극히 일부인 게 당연하다.

　연예인들이 벌인 사회적 물의를 "그럴 수도 있다"라는 형태로 쉬이 넘기지 않아야 하는 이유는 바로 여기에 있다. 애초에 우리와 다른 존재라고 밀어버리고, 예

" "

외 조항을 만들어버려서 그들을 '특별' 취급할 필요는 어디에도 없다. 자신의 위치에서 최선을 다하고, 그 노력은 결과로써 보상받는다. 자신이 가진 영향력이 얼마나 막대한지를 인지하고, 선한 방향으로의 그 영향력을 행사하려 고심하고 노력하는 이들도 충분히 많다.

물의를 빚은 이들을 날 선 목소리로 꾸짖는 이도 있다. 이순재 배우다. 사회면을 장식하는 큼직한 연예계 뉴스가 터질 때마다 그는 그러한 비판을 통하여 이러한 현실을 직시하게 돕는다. ('쓴소리'로 이름을 날렸던 유병재 작가는 내게 "일침은 이순재 선생님 같은 분이 하시는 것"이라며 손사래를 친 적이 있다.) 업계의 '어른'의 역할을 소화하는 그는 오랜 시간 강단에 서고 있지만, 여전히 아흔 살의 현역 배우이고 스스로 그렇게 불리길 원한다. 특별하지 않고, 단지 묵묵하게 눈앞의 과제를 할 뿐이라는 그의 이야기가 평범함을 뚫고 특별할 수 있는 것은 그가 걸어왔던, 그리고 걸어가는 길이 단단하게 뒷받침하고 있기에 가능하다.

"계속 열심히 할 수밖에, 다른 방법은 없다."

조금이라도 쉽게 가려고, 획기적인 꼼수를 매일매일

" "

고민하는 이들에게 딱 필요한 멘트 아닐까.

" "

아무도 강요하지 않았다

휴식은 힘든 일을 했을 때
필요하다. 예를 들어 내가 좋아하는
축구를 하고 나면 체력적으로 힘들다.
근데 그걸 끝낸 후 휴식이
필요하다고 생각하는 건
오히려 스트레스다. 이걸 끝냈으니
쉬어야 한다는 것은, 하기 싫은 일을
억지로 하고 나서 보상받고 싶은 것이라
생각한다. 연기도 축구와 마찬가지다.
아무도 강요하지 않았고,
내가 좋아서 하는 일이다.

배우 류준열, 2017년 12월 인터뷰에서

'좋아하는 일을 직업으로 삼으면 안 된다'는 이야기가 있다. 좋아하는 일이 먹고사는 수단이 되어버리는 순간, 더 이상 그것을 있는 그대로 순수하게 즐길 수 없다는 것이 이유다. 취준생을 대상으로 한 강연에 나가면 이러한 질문이 의외로 많이 쏟아진다. "좋아했던 것이 싫어지게 될까, 그게 겁이 난다"라는 사뭇 진지한 고민들.

10년 넘게 회사에 몸 담았던 입장에서 경험을 말하자면, 일정 부분 납득이 되는 부분이 분명 존재한다. 밥벌이의 수단이고, 싫어도 당장 때려치우고 나갈 수 있는 형편이 아니라서 어떻게든 참고 견뎌야 하는 순간에 직면할 수밖에 없다. 그런 순간이 한 번에서 두 번, 두 번에서 세 번으로 늘어나면, 결국 '일=싫지만 참고 억지로 해야 하는 것'이 되어버리고 만다.

취업을 준비하는 당시에 꿈꾸었던 자아실현, 성장, 꿈 등의 단어는 도대체 어디로 사라져 버린 것일까. 생계를 위한 '급여'가 회사를 다니는 유일한 목적이 되어버렸다면, 그 과정에서 뭔가 문제가 생겼던 게 아닐지 고민해보면 어떨까. 입사라는 선택은 철저하게 본인의 몫이고, 누구도 등을 떠밀어 강압적으로 회사 안으로 밀어 넣지 않았다.

" "

물론 현실은 복잡하다. 모두가 좋아하는 일을 직업으로 삼을 수 있는 건 아니다. 생계를 위해 어쩔 수 없이 선택한 일도 있고, 처음엔 좋아했지만 현실의 벽에 부딪혀 회의감이 드는 순간도 있다. 그럼에도 불구하고, 최소한 이것만은 기억해야 한다. 이 일을 시작한 건 나였다는 것. 아무도 강요하지 않았다는 것. 그 사실을 잊는 순간, 우리는 피해자가 되고, 일은 고통이 된다.

류준열의 말이 와닿는 건, 그가 배우라서가 아니다. 자신이 선택한 일에 대한 주인의식이 느껴지기 때문이다. 좋아서 시작했고, 지금도 좋아서 하고 있다는 명확함. 그 태도가 '소준열'이라는 별명을 만들었고, 동시에 그를 지치지 않게 만드는 원동력이 되었을 것이다. 일이 힘들지 않아서가 아니라, 그 힘듦을 기꺼이 받아들이기 때문에.

"아무도 강요하지 않았고, 내가 좋아서 하는 일."

류준열 배우의 이 말은 옳다. '소'처럼 일한다는 의미로 '소준열'이라는 별명이 붙었다는 사실만 놓고, 그것이 분명 개인의 시간과 인생을 막연하게 갉아먹을 것이라는 착각을 했다. 그것은 '일'을 단순한 밥벌이 수단 정도로만 치부해버린 나의 잘못된 경험과 판단에서 비롯된 무지한 행동이다. 부끄러웠고, 또 한편으로 부럽

" "

기도 했다. 좋아하는 일이 직업이 되고, 그것을 유지할 수만 있다면 그것만큼 행복한 일이 어디 또 있을까.

돌이켜보면, 일이 가장 힘들었던 순간은 '억지로 하고 있다'고 느낄 때다. 누군가 시켜서, 어쩔 수 없어서, 그만둘 수도 없으니까. 그렇게 생각하는 순간, 모든 게 무거워졌다. 반대로 일이 가장 즐거웠던 순간은 '내가 선택했다'고 느낄 때였다. 힘들어도, 어려워도, 이건 내가 하고 싶어서 하는 일이라고 생각하면 견딜 만했다.

결국 일의 무게는 객관적인 업무량이 아니라, 그것을 대하는 마음에서 결정되는 것 같다. 같은 일도 누군가에게는 고역이지만, 누군가에게는 즐거움이다. 류준열이 쉼 없이 일하면서도 지치지 않는 이유는, 그가 그 일을 자신의 것으로 받아들였기 때문이 아닐까. 아무도 강요하지 않았다는 그 한 마디가, 사실은 가장 강력한 동력이 되는 것이다.

'천재는 노력하는 사람을 이길 수 없고, 노력하는 사람은 즐기는 사람을 이길 수 없다.' 누군가의 명언이나 조언이 현실적으로 모든 상황에 100% 옳을 수는 없다. 때로는 서로 상충되는 말도 존재한다. 그러니 그냥 스스로 취하고 싶은 것을 시의적절하게 끌어와서 곁에 두면 된다. 좋은 말의 역할은, 그 정도면 충분하다.

" "

우리 안에는 선도 있고, 악도 있다

사람을 정의할 때 좋은 사람,
나쁜 사람으로 명확하게
구분 짓기 어렵다. 우리 안에는 선도 있고,
악도 있다. 어느 쪽으로 부등호를
갖고 사느냐가 중요하다.
연예인은 굉장히 화려하고
거품이 있을 수 있다. 허영에 노출될 수도
있는데, 그건 결국 각자의 가치관이다.
자기 검열, 가치관과 소신, 내가 생각하는
염원이 부정적인 부분이 있는지,
반대로 남들에게 귀감이 될 수 있는지를
계속 판단하려고 노력한다.

배우 유지태, 2016년 8월 인터뷰에서

인간의 선악에 대한 판단이 나이를 먹을수록 더 흐릿해진다. 교과서에서 배운 이분법적 사고로는 턱없이 모자라다. 영화나 드라마, 책 등에 나오는 등장인물을 보듯 전지적 시점에서 모든 것을 보고 판단할 수 있다면 좀 나을지 모르겠지만, 그저 스치는 존재로서 주변인의 선악을 구분하기란 참 힘겹다. 실상 아주 가까이에 있는 누군가의 선악 구분도 어려울 때가 많지 않나.

더욱이 '좋은 일'을 앞세워 사욕을 채우고, 착한 마음을 쓴 사람의 뒤통수를 치는 졸렬한 인간들이 여기저기 똬리를 틀고 있으니 '기부 포비아'가 생길 수밖에 없는 사회다. 수혜자를 앞세워 자신의 능력 이상의 수입을 챙겨서 가져가는 것은, 거액이 아니더라도 치졸한 횡령이나 다름없다. 그런 것을 근래에 빈번하게 목도했더니, 이제는 대한민국에서 '좋은 일'을 앞세우는 모든 사람이나 단체를 믿지 않게 되었다.

인간은 언제나 선악에서 악을 택하기 쉽게 설계되어 있다. 그러니 본인 스스로의 부단한 노력이 필요한 존재다. 상대적으로 악향(惡向)을 취하게 될 환경에 노출되어있다고 하더라도, 모두가 악인이 되는 것은 아니다. 반대의 경우도 마찬가지. 결국 최종 선택과 책임은 오롯이 개인의 몫으로 남는다.

" "

누구나 선과 악 사이 어딘가에서 흔들리며 산다. 때로는 선한 의도로 악한 결과를 만들기도 하고, 때로는 악한 마음으로 시작했지만 좋은 결과를 낳기도 한다. 중요한 건 유지태의 말처럼 "어느 쪽으로 부등호를 갖고 사느냐"다. 완벽하게 선한 인간은 없다. 다만 선쪽으로 조금 더 기울려고 노력하는 사람이 있을 뿐이다. 자기 검열을 하고, 스스로를 돌아보며, 조금 더 나은 방향을 고민하는 사람. 그런 사람이 결국 선한 사람이 되는 것이다.

유지태 배우를 만난 것은, tvN 드라마 <굿와이프>가 종영한 직후의 인터뷰다. 작품 이야기를 전반적으로 버무리긴 했지만, 기본적으로 평소 본인이 사고하던 내용이 고스란히 녹아든 이야기, 그 표현들이 모두 좋았다. 그가 평소 행하던 일들-'일본군 위안부' 피해 할머니에 대한 지속적인 관심과 지원 등-을 익히 잘 알고 있기에 그의 말이 그저 보여주기 위한 단순 포장용 발언이 아니라는 것도 분명했다.

연예인의 삶 역시 정형화되어 있지 않다. 비슷한 환경에 둘러싸여 있음에도, 철저히 개인의 가치관에 근거한 각자의 선택을 할 뿐이다. 다만, 그 영향력이 비연예인의 그것에 비해 엄청나다는 것을 알고 조금 더 옳은

" "

방향으로 나아가는 데 도움이 되도록 애써주었으면 하는 바람은 있다. 유지태가 계속 그러한 것을 고민하는 것처럼.

먼저 사람이 되어야 한다

연기를 잘하기 위해서는
먼저 사람이 되어야 한다.
연기가 주가 된다면 '배우 변요한'은
행복할 수 있지만, '인간 변요한'은
스톱될 수 있다. 인간적으로 성장하면서,
연기를 접목시키는 게 내 목표다.
그래야 진짜로 행복할 수 있을 것 같다.

(배우 변요한, 2015년 1월 인터뷰에서)

삶에서 '직업'이란 것은 무엇일까. 단순히 먹고사는 것을 해결하는 용도쯤으로 치부하기엔 영 마땅찮고, 자아를 실현하는 과정이라고 말하기엔 가식적인 기분이다. 인생에서 떼려야 뗄 수 없는 커다란 영역인 것만은 누가 뭐래도 확실한데, 아주 정확하게 풀어서 설명하는 것이 아무래도 쉽지가 않다.

자신의 직업에 대해서, 일에 대해서 높은 만족도를 갖고 있는 사람을 만나는 것은 거의 하늘에서 별을 따는 수준이다. "그냥 뭐, 할 만해~", "나름 괜찮아" 정도가 그나마 억지로 짜낸 긍정적인 답변이라면, "먹고는 살아야지", "딱히 다른 걸 할 게 없다"라는 자포자기식 이야기가 대다수다. 왜 이렇게 된 걸까.

"WHAT 말고 HOW"

근래 취준생이나 대학생을 대상으로 한 강연에 나가게 되면, 내가 꼭 하는 말이다. 앞으로 '무엇'이 되고 싶은지 생각하지 말고, '어떻게' 살고 싶은지를 생각하라. 어렸을 적부터 듣던 "커서 '뭐' 될래?"라는 사고에서 벗어나야 한다고.

취준 시절 예능 PD를 지망했던 나는 방송국 입사가

불발되자, 곧바로 노선을 선회해 스포츠 신문의 연예부 기자가 되었다. 주변에서는 몇 번이고 도전해서 PD가 되는 게 좋지 않으냐 조언했지만, 그럴 생각이 없었다. 왜? '예능 PD가 되는 것'이 꿈이 아니라, '즐겁게' 사는 게 목표였기 때문이다. 그렇게 살기 위해 생각한 직업 군으로 예능 PD가 적합했을 뿐, 그 자체가 목적이 아니었다.

엔터테인먼트를 주축으로 한 문화 업계에 남아 어떤 형태로든 콘텐츠와 관련된 업무를 하고 있으면, 즐거울 것이라는 당시의 생각은 여전히 유효하다. 그래서 난 연예부 기자, 매거진 에디터, 출판사 편집자, 방송인, 강연자, 콘텐츠 기획자 등 무엇이든 될 수 있었고, 무엇이 되든 좋았다. 그게 내가 바라는 방향과 분명 일치하니깐.

tvN 드라마 <미생>을 성공적으로 끝마치고 인터뷰를 위해 만났던 변요한은 이렇게 말했다. "인간적으로 성장하면서, 연기를 접목시키는 게 내 목표다"라고. '인간 변요한'을 놓지 않으면서 자신의 위치에서 '어떻게' 나아가야 할지 고민하는 그가 진짜 행복을 꽉 거머쥘 수 있게 되길 바란다.

" "

" "

'사람 냄새'가 나는

사람 냄새 나는
배우가 되고 싶다.

10년이면 강산이 변한다. 연예부 기자를 한지가 만으로 10년이 넘었는데, 그동안 적잖은 변화들이 있었다. 인터뷰의 형태 변화도 그중 하나다. 예전에는 1대 1로 만나 진행하는 것이 [인터뷰]였다면, 요즘은 '라운드 인터뷰'가 그 자리를 메웠다. 한 명의 인터뷰이에 10명 안팎의 기자들이 함께 앉아 인터뷰를 진행하는 것인데, 사실상 소규모 기자간담회에 가깝다. 현재 포털사이트에 공급되는 대부분의 [인터뷰] 기사는 그렇게 만들어진다.

이 변화는 매체의 수가 급증하게 되면서 어쩔 수 없이 마련된 대책이다. 모든 매체를 1대 1로 진행하려니 물리적으로 한계가 있었고, 몇몇 매체만 진행하는 방식은 마땅한 해결책이 되질 못했다. 어떤 점에서는 한결 편하다. 질문을 하는 사람이 많으니 인터뷰 중 침묵이 흐를 새도 없고, 정해진 시간 안에 꽉 찬 인터뷰가 완성될 확률도 높다. 아무런 준비를 하지 않더라도, 착석해 부지런히 타이핑만 쳐도 된다. 어차피 기사를 내면, 내가 한 질문, 타인이 한 질문이 구분 되질 않는다. 비슷한 문답을 반복해야 하는 연예인의 고충은 조금이나마 덜어졌을까.

어쩔 수 없다는 것을 알고 있지만, 아쉬움이 크다.

" "

1대 1로 만나 조금은 느슨한 이야기를 나누고, 세상 돌아가는 얘기를 섞은 잡담도 하고, 그렇게 서로 조금 더 밀접한 관계를 맺는 행위로써의 인터뷰는 이제 사라졌다. 지금의 인터뷰에서는 예전보다 '사람 냄새'가 나질 않는다.

정해진 질문과 답변을 주고받는 것이 아니라, 예상치 못한 순간에 튀어나오는 솔직한 말들. 완벽하게 포장되지 않은, 약간은 서투르고 어눌한 표현들. 준비된 멘트가 아니라, 그 순간 진심으로 떠오른 생각. 그런 것들이 모여 사람 냄새를 만든다. 라운드 인터뷰에서는 그걸 느끼기 어렵다. 여러 사람 앞에서 누가 편하게 자기 이야기를 꺼낼 수 있을까.

가끔 그립다. 비좁은 공간에 마주 앉아, 어색한 침묵도 함께 견디며, 조금씩 서로를 알아가던 그 시간들. 효율적이지도 않고, 때로는 어색하기도 했지만, 그 과정에서 느껴지던 온기.

정해인 배우를 만났다. 그가 드라마 <백 년의 신부>로 데뷔하고 <삼총사>에서 비중 있는 역할을 맡았던 지난 2014년 11월에. 정해인 배우가 회사로 찾아왔는데, 그날 하필 회사의 인터뷰 공간이 만석이었다. 우리는 어쩔 수 없이 옥상의 조립식 창고 같은 좁은 공간에 마주 앉아 인터뷰를 했다. 누가 봐도 반듯한 그 청년은 선

66 99

배 배우들에 대한 고마움, 촬영장에서의 즐거운 기억을 그곳에서 차례로 쏟아냈다. 느릿한 저음의 목소리가 비좁은 공간을 가득 채웠다.

정해인 배우가 그날의 인터뷰 끝자락에 웃으며 했던 이야기가 생생하다.

"사람 냄새 나는 배우가 되고 싶다."

그때로부터 벌써 많은 시간이 지난 지금, 그는 그 누구보다 진한 사람 냄새를 풍기는 대한민국 대표 배우로 자리매김했다. 각종 드라마와 영화를 오가며, 많은 이들의 사랑을 듬뿍 받으며.

인터뷰어로서 흐뭇한 순간은 신인이었던 누군가의 성장을 지켜볼 때 아닐까.

누군가의 현재, 누군가의 미래

완벽한 사람이 아니라
모든 분들의 기대에 부응할 수가 없다.
하지만 가능한 더 많은 분들을
만족시켜드리고 싶다.

배우 임시완, 2012년 1월 인터뷰에서

누군가를 만날 때 그 사람이 이미 이뤄낸 것을 보는 것은 분명 쉽고 안전하다. 타인과의 신뢰 구축에 있어, 기존에 완성된 결과물을 참고하는 것만큼 누군가를 가늠하는 데 편리한 것은 또 없다. 그 사람의 현재가 그 사람의 미래를 보증하는 셈이다. 그렇지만 모두가 다 처음부터 그것을 들고 있을 수는 없는 노릇이다. 아무것도 쌓아둔 게 없는 사람도, 별달리 내세울 만한 것이 없는 사람도, 빛나는 미래를 만들어 낼 수 있다.

그런 것을 파악할 때 가장 필요한 것은 당사자의 태도와 마음가짐이다. 당장의 현재를 보는 것은 쉽지만, 그 사람의 미래를 예측하는 것은 아무래도 어려울 수밖에 없다. 인터뷰를 할 때는, 맞은편에 앉은 인터뷰이의 그러한 것들이 늘 관심 요소다. 펼쳐진 상황을 통해 예상했던 형태와 다른 반응이 나올 때, 한 발 더 다가서거나 물러서서, 조금 더 천천히 관찰하게 된다. 그러면 분명 무언가 보인다.

임시완 배우를 처음 만난 것은 K-팝 보이그룹 '제국의 아이들' 데뷔 시절부터였고, 1대1 인터뷰를 한 것은 드라마 <해를 품은 달>에 출연한 직후다. 가수에서 배우로 영역을 확장하게 되는 시기였다. 임시완의 입장에선 제국의 아이들의 부진이 다소 조급할 수 있는 상황

" "

임에도, 그는 전혀 그런 내색이 없었다. 침착했고, 반듯했다.

자신의 인지도가 낮아서 오히려 시청자가 색안경을 끼지 않고 봐준 것 같다는 이야기를 하며, 그가 덧붙였던 이야기.

"모든 분들의 기대에 부응할 수가 없다. 하지만 가능한 많은 분들을 만족시켜드리고 싶다."

그날의 답변은 형식적인 립서비스가 아니었다. 그 후로 그가 쭉 걸어온 길을 보면 알 수 있다. 화려한 작품만 고르지 않았고, 주목받지 못하더라도 자신이 해낼 수 있는 역할에 성실히 임했다. 때로는 실패도 있었고, 때로는 기대에 미치지 못한다는 평가도 받았다. 하지만 그는 멈추지 않고 한 걸음씩 앞으로 나아갔다. 그렇게 쌓인 시간들이, 결국 그를 믿고 보는 배우로 만들었다.

과하지 않게, 하지만 최선을 다하려는 배우 임시완의 마음이 고스란히 묻어난 말이다. 이것은 대중을 상대로 한 '연예인'의 입장에서 나올 수 있는 최고이자 최선의 답변이 아닐까.

그렇게 그는 <미생>의 장그래, <타인은 지옥이다>

" "

의 윤종우, <불한당: 나쁜 놈들의 세상> 조현수, <소년시대> 장병태, <오징어 게임> 시즌2~3의 이명기, 그리고 <사마귀> 이한울을 만나 차곡차곡 배우로서 자신의 필모를 쌓으며 앞으로 나아가고 있다.

지금 그가 이렇게까지 일궈낸 성장과 성공을 그 당시 예측했다면, 그건 거짓말일 것이다. 다만 녹록지 않았던 아이돌 시절을 가까이서 지켜봤기에, 그가 화면 뒤에서 흘렸을 땀의 양을 어느 정도는 짐작할 수 있었다. 그래서 아마 인터뷰어로서의 객관성보다, 한 사람의 노력을 봐왔던 이로서 조금은 사심을 담아 응원을 보냈던 것 같다.

" "

베짱이는 놀고먹지 않는다

콘텐츠 산업이 무너지는 이유는
'베짱이'를 놀고먹는 직업이라
인식했기 때문이다.
영화감독이라는 것을 알면
'CD 한 장만 달라'고 한다.
반대로 본인들이 일하는 일터에서
땀 흘려 만든 것을 공짜로
달라고 하면 기분 나빠한다.
콘텐츠가 노동집약적 상품이라는 것에
대한 인식들이 너무 없다.

영화감독 류승완, 2015년 8월 인터뷰에서

세상에 공짜는 없다. 원시시대에도 물물교환을 통해 서로가 필요한 것을 주고받았고, 화폐가 생겨난 이후부터는 각각의 가치를 책정하여 줄곧 그 가격을 매겨왔다. 각자 잘하는 영역을 분담하여 서로의 시간을 절약하고, 서로의 노력을 화폐 가치로 환산해 맞바꿨다. 효율적이고 합리적이다.

다만, 콘텐츠 분야에서는 유독 이 합의가 무력화되는 경우가 많다. 요상하다. 무료 콘텐츠에 익숙해진 탓일까. '유료'라는 말에 놀라 소스라칠 정도의 수준은 아니더라도, 조금이라도 더 내어놓기 아쉬워하는 경우를 종종 마주한다. 업계에 있다 보면 특히나 더 이런 경험을 하게 된다.

"너 책 냈다며? 사인해서 한 권 줘."
"이번에 공연한다며? 나 티켓 몇 장만 줘."

심지어 친구와 가족에게 나누어 주겠다고 10장의 티켓을 요구하고는 결국 현장에 나타나지도 않았던 이도 있었고, 강연 후 Q&A 시간에 질문자에게 답례로 책을 한 권 주었더니 끝나고 와서는 '몇 권만 더 주면 안 되냐?'라고 요구했던 이도 있었다.

" "

열과 성의를 다해 어렵사리 만들어놓은 콘텐츠를 어떠한 이유로 저렇게 당당하게 내놓으라고 하는 것일까? 그들에게 이렇게 말하면 어떤 표정일지 늘 궁금하다.

"너네 회사 노트북 신형 나왔더라? 나 하나만 줘!"
"너네 한의원에서 보약 좀 남는 거 줄래?"

사실 이런 일은 콘텐츠 업계 종사자라면 누구나 한 번쯤 겪는다. 작가, 뮤지션, 디자이너, 사진작가. 눈에 보이는 '물건'이 아니라 '창작물'을 만드는 사람들은 유독 이런 요구에 시달린다. 아마도 그들의 노동이 눈에 보이지 않기 때문일 것이다. 공장에서 찍어낸 물건이 아니라, 책상 앞에 앉아 고민하고, 밤새 수정하고, 무수히 많은 시행착오를 거쳐 완성한 결과물. 그 과정이 보이지 않으니, 가치도 보이지 않는 것이다.

하지만 생각해보자. 책 한 권이 나오기까지 얼마나 많은 시간이 걸렸을까. 영화 한 편이 완성되기까지 몇 명의 사람이 몇 년을 매달렸을까. 공연 티켓 한 장에는 얼마나 많은 연습과 준비가 담겨 있을까. 그 모든 시간과 노력을, 단지 눈에 보이지 않는다는 이유로 '그냥 하나 주면 되잖아'라고 말할 수 있는 걸까.

" "

류승완 감독을 만나 인터뷰한 것은 영화 <베테랑> 개봉을 앞뒀을 때다. 그는 영화인을 바라보는, 좀 더 확장해 콘텐츠업 전반을 바라보는 사람들의 이상한 시선에 대해 동화 속 '베짱이' 이야기를 꺼내 비유하며 아쉬워했다. 류 감독의 말처럼 대한민국의 K-콘텐츠가 지금보다 조금 더 나아가기 위해서는, 분명 콘텐츠에 제 값을 지불하는 문화가 일상화되어야 한다.

그들은 무지할 뿐이지, 나쁜 사람이 아니다. 그 콘텐츠에 얼마나 많은 노력으로 만들어졌는지, 얼마나 많은 사람의 땀이 스며 있는지… 그걸 알았다면 그러지 않았을 것이다. 그래서 필요한 건 비난이 아니라 인식의 변화다. 콘텐츠도 노동이고, 창작도 일이며, 그것에는 마땅히 값을 치러야 한다는 당연한 사실.

콘텐츠에 제 값을 지불하는 것은 단순히 돈을 내는 행위가 아니다. 그것은 누군가의 시간과 노력을 존중하는 일이고, 그들이 계속 좋은 작품을 만들 수 있도록 돕는 일이다. 한 장의 티켓, 한 권의 책이 아까워 공짜를 요구하는 순간, 우리는 그 산업의 미래를 조금씩 무너뜨리는 것인지도 모른다.

베짱이는 놀지 않는다. 음악을 만들고 또 연주하기 위해 충분히 애를 쓰고 있다.

" "

대한민국에서 아이돌로 산다는 것은

언제나 꿈꾸는 건
반전 그룹이 되는 거다.
컴백할 때마다 '와, 비투비가
이런 콘셉트도 소화할 수 있구나'라는
반응을 얻고 싶다.
어떤 걸 기대해도, 그 기대를
저버리지 않는 완벽한 팀으로
거듭나고 싶은 게 우리 목표다.

그룹 비투비, 2013년 9월 인터뷰에서

나의 학창 시절 아이돌은 H.O.T.와 젝스키스, S.E.S
와 핑클이었다. 일상 구석구석에 해당 그룹의 멤버와
관련된 다양한 굿즈가 포진되어 있었고, 당시 또래 아
이들 모두 그랬던 것처럼 -실질적인 관심 유무와 무관
하게- 늘 그들의 엄청난 영향력에 강제로 노출되어 있
었다. 그들의 인기는 실로 엄청났다. (드라마 <응답하
라 1997> 스토리는 리얼하다.)

하지만 딱 거기까지다. 열정적으로 공식 팬클럽에
가입하거나, 적극적으로 누군가의 열혈팬을 자처했던
기억은 전무하다. 적당히 지루한 학창 시절을 보냈고,
대학에 갔고, 다행히 큰 문제없이 무사 졸업했다. 그리
고 취업, 갑작스럽게 '연예부 기자'가 되어버렸다.

이 일을 하면서 (당연하지만) 여러 연예인을 마주했
다. 특히 아이돌 그룹을, 아주 많이, 자주 만났다. 소녀
시대, 원더걸스, 2PM, 비스트, 엠블랙, 포미닛, 씨스타,
B1A4, 엑소, 방탄소년단, 뉴이스트, 인피니트, 빅스,
AOA, 걸스데이, 갓세븐 등등등 셀 수 없을 정도로 많
은. 가요 담당을 했던 시기는, 대한민국에서 아마도 가
장 많은 수의 아이돌 그룹이 배출되었던 시기와 거의
완벽하게 맞물렸다. 덕분에 30대 안팎 즈음의 당시 내
삶은, 학창 시절보다 더욱 밀접하고 밀도 있게 아이돌

" "

그룹으로 가득 채워졌다. 1도 예상하지 못했던 일이다.

그룹 인터뷰는, 생각보다 녹록지 않다. 다수가 동시 다발적으로 이야기를 하게 되니 자칫 거기에 휘말려 정신줄을 놓을 수도 있고, 멤버별 발언을 구분해 추후 내용을 다시 정리하는 작업 역시도 예삿일이 아니다. 특히 비투비 멤버들과의 인터뷰는 리얼리티나 서바이벌 예능을 찍는 듯한 생동감이 가득하다. 이미 음악방송 대기실에서 오가며 자주 보았던 탓에 예열도 없이 인터뷰가 아주 활활 타오른다.(*tmi. 리더 서은광과 그 뒤로 YTN <엔터K>를 통해 진행자와 패널로 반갑게 재회하기도 했다.)

아이돌의 삶이, 그저 태생부터 아름답게 반짝이는 걸로 보일지도 모르지만, 그 안에 깊숙이 들어가면 들어갈수록 찰나의 광채를 위해 부단히 애쓰는 멤버들의 노력이 엿보인다. 그럴 때면 왠지 모를 안쓰러움 같은 것이 묻어날 때가 많다. 대부분의 아이돌 멤버들은 실제로 사람들이 생각하는 그 이상의 양을 어마어마한 속도로 쏟아붓는다. 스스로의 삶을 통째로 걸어두고 전속력으로 달리는 기분마저 어렴풋 전해진다.

누군가의 기대를 완전하게 충족시킨다는 것은, 결코 끝나지 않는 가혹한 미션과도 같다. 그러니 비투비가

" "

"기대를 저버리지 않는 완벽한 팀으로 거듭나고 싶은 게 목표"라고 말하고, 그것을, 그 약속을 지키기 위해 얼마나 많은 것을 포기하고 내달렸는지 알 것만 같다. 어느덧 7년을 넘어선 그들의 전력질주. 그것이 타인의 기대 충족에 지나치게 얽매이지 않고, 그 자체로 즐기고 행복한 것이 되었으면 한다. 아니, 벌써 이미 충분히 그러고 있기를.

나를 지탱하는 것

밤샘 촬영으로 체력이 고갈되고
정신이 멍해지다가도,
일이 없었던 때'를 떠올리며
정신을 다잡게 된다.
힘들던 순간을 떠올리면,
6일 밤샘도 거뜬하다.

배우 최진혁, 2014년 4월 인터뷰에서

평탄한 인생을 평생 즐기며 살 수 있다면 얼마나 좋겠냐만은, 누구에게나 인생의 굴곡진 면이 존재하는 법이다. 언제나 편히 사는 것처럼 보이는 주변인이 있다손 해도, 그렇게 보이기 위해 부단히 애를 쓰는 것뿐이라 생각하는 게 더 맞다.

중요한 것은 그 어려운 시기를 맞이했을 때, 그것을 어떻게 극복하느냐에 달려있다. 극복 방식을 다룬 세간의 조언들이 이미 차고 넘쳐나지만, 어차피 각자의 살아온 시간이 다르고 어려운 시기의 형태가 다르니 완벽한 정답이 존재할리 만무하다. (그런 게 있다면 어려운 시기에 힘들어하는 사람이 아예 없겠지.)

그나마 하나 확실한 게 있다면, 외부의 태풍에 휩쓸리지 않게 스스로를 지탱할 수 있는 자신만의 '무언가'가 반드시 있어야 한다는 사실이다. 그것은 자신이 부양해야 할 가족이 될 수도 있고, 확고한 신념이나 가치관이 될 수도 있으며, 버텨내서 꼭 이뤄내고자 하는 결승점에 대한 욕망일 수도 있다.

연예계의 경우는 어떨까. 단박에 슈퍼스타가 되는 케이스도 물론 있지만, 힘겨운 무명의 시기를 어렵사리 통과해 가까스로 성공의 자락을 붙잡게 되는 이들도 많다. TV 토크쇼에서 그들이 들려주는 힘겨운 시간들을

" "

듣고 있자면, 어떻게 저 시간들을 용케 버텼나 싶은 이들이 참으로 다양하다. 이런 이들은 대부분 그러한 시간들이 자신을 지탱하는 힘이 된다.

tvN 드라마 <응급남녀> 종영 후 만난 최진혁 배우 역시도 마찬가지였다.

"힘들던 순간을 떠올리면, 6일 밤샘도 거뜬하다."

최근 순차적으로 더 개선됐다고 하지만 그럼에도 드라마 현장은 아주 오래도록 열악하다. 드라마 후반부 정도에 닿을 무렵 거의 실시간으로 운영되는 촬영장들도 있는데, 그렇게 되면 거의 하루도 쉬지 못한 채 촬영을 이어가야 하는 경우도 빈번하다.

최진혁 배우의 체력적 한계의 버팀목은 늘 무명 시절 힘겨웠던 기억의 잔상이었다.

" "

각자의 길을 걷는다

이효리 선배님이 '버블팝' 무대 때
모니터링을 해줬다.
너무 굳어있지 말고 웃으면서 하라고.
정말 존경하는 선배님이다.
비교되는 것 자체로도 영광이고,
또 한편으로는 부담스럽기도 하다.
그냥 난 '포스트 이효리'가 되기보다는
'저건 현아다'라는 느낌을 주고 싶다.

가수 현아, 2011년 12월 인터뷰에서

취재를 나가서 현장에서 처음으로 마주했던 아이돌 그룹은 에프엑스였고, 처음으로 정식 인터뷰를 했던 아이돌 그룹은 포미닛이다. 기자 시절 초반의 대부분은 배우들과 인터뷰를 진행했기에, 한 명의 인터뷰이가 아닌 여럿, 그것도 에너지가 차고 넘치는 10대 멤버들에게 둘러싸여 인터뷰를 처음으로 하게 되었을 때의 밀려온 엄청난 당혹감은 아직까지도 생생하다. 그 초조함을 들키지 않기 위해서 안간힘을 쓰며 자연스러움을 연기해보려 노력하였으나, 당연하게도 티가 났다. 그것도 아주 팍팍.

당시 포미닛 멤버들은 인터뷰 내내 진땀을 빼는 눈앞의 초짜를 아주 신기하게(aka.한심하게) 쳐다보며 즐거워했다. 특히 현아는 아이스크림을 추가로 하나 더 주문해 시켜먹으며 눈앞의 광경을 즐겁게 관전했다. 시간이 어떻게 흘렀는지도 모르겠지만, 그렇게 1시간이 훌쩍 지났다. (10년이 지나서 최근 그 당시의 타이핑 파일을 열어보니, 휴… 기사로 담을 만한 내용이 아무것도 없었다.) 포미닛 멤버들도 걱정이 되었는지.

"정말로 이렇게 인터뷰가 나와요? 계속 수다만 떨었는데?"

"그럼요. 충분히 나옵니다. 제가 늘 하는 일인걸요."

" "

새빨간 거짓말이다. 테이블에 앉아서 진땀을 흘리며 그냥 사람 사는 이야기만 주고받는데 내게 주어진 한 시간을 몽땅 할애해버리고 말았다. 결국 인터뷰 기사를 위해 친구가 있던 타매체 인터뷰에 몰래 합석해, 기사거리로 쓸만한 내용들을 추가로 건져내고 나서야 나의 첫 아이돌 그룹 인터뷰 기사를 어렵사리 완성했다.

다소 인간적인(aka.어설픈 초짜의) 모습을 들켜서인지, 이후 트러블메이커 인터뷰로 만났을 때도, 음악 방송 대기실에서 잠깐잠깐 마주칠 때도, 늘 현아는 아주 반갑게 맞아주던 기억이 있다. 혹시라도 내가 입고 있던 옷이나 스타일이 구리기라도 하면 왠지 모르지만 아주 심하게 구박을 해준 기억들도 아주 따뜻하게 남아 있다.(내가 뭘 잘못했지…) 무대 위에서의 현아와, 무대 밖에서의 현아는 아주 정말 크게 다르다.

한동안 '포스트 이효리'로 모든 매체와 기자가 현아를 떠밀었던 때가 있다. 사실 현아뿐만이 아니다. 누가 나오기만 하면 기계적으로 '제2의 OOO', '포스트 OOO'를 갖다 붙이는 작업이 반복됐던 시기다. 당시 선배들은 "그렇게 해야 돋보일 수 있다. 그래야 본인들도 좋아한다"라고 말하곤 했는데, 일부를 제외하고는 대부분의 당사자들은 이러한 '포스트' 수식어를 그다지 좋아하지

" "

않았다. 오히려 그것을 좋아했던 것은 포털이나 매체, 기자, 그리고 일부 기획사들이었다.

당시 현아는 '포스트 이효리'라는 수식어에 대해, 최대한의 예의를 갖추며 손사래 쳤다. 그리고 그 누구도 아닌, 자기 자신 '현아'로 빛나기를 간절하게 원했다. 벌써 까마득한 이야기가 되어버렸지만, 현아는 이제 그 누구도 가지 않은 길을 걷고 있으며, 그 누구도 아닌 '현아'라는 브랜드가 되어서 돌아왔다.

현아는 현아다.

" "

인터루드: 어쩌면, 아주 보통의 하루

"연예부 기자는 매일 즐겁냐?"는
질문에 대한 담백한 답변

새벽 6시, 알람 소리에 잠에서 깬다. 일어나 대충 얼굴을 씻고, 탄산수라도 한 잔 마시며 정신을 차린다. 곧장 테이블에 앉아 노트북을 꺼내 들고 간밤에 사건사고가 일어난 것은 없는지 살핀다. 자정 이후 큰 사건이 터지는 경우는 아주 드물기에, 별다른 논란 없이 그저 모니터 기사들로 포털사이트 메인이 도배되어 있는 걸 확인한다. 여유가 있는 가끔은 메인 기사들을 보면서 각 매체별로 새벽까지 고생한 선후배 동료 기자들의 이름을 확인한다.

'OO가 요즘 고생하고 있구나.'

서두를 시간이다. 어제 동원된 영화 관객수, 어제자 방송 시청률, 현 시간 음원 사이트 스코어 등을 체크한다. 같은 수치를 가지고 조금이라도 더 돋보이는 타이틀을 뽑기 위해 짧고 굵게 머리를 굴린다. 시간이 넉넉지 않다. 오전 8시가 넘어가면 더 바빠진다. 업계 곳곳에서 밀려오는 보도자료 홍수 속

" "

에서 나름의 우선순위를 매기며 중요한 것을 골라낸다. 사진과 글 형식이 크게 어긋나지 않으면, 가장 빨리, 하지만 그 와중에 또 제목에 대한 고심을 덧대어 기사를 포털로 송출한다. 혹시 타 매체의 단독기사가 나오면 이를 가능한 한 빨리 팔로우한다. 조금이라도 추가 내용 취재를 위해 아직 일어나지 않았거나 출근 전의 관계자에게 전화를 걸어서 안부 물을 겨를도 없이 사실여부를 확인하고 추가 내용을 독촉하거나 부탁하거나 구걸한다.

"매번 고마워요. 다음에 꼭 밥 한 끼 해요!"

오전 9시 정도가 되어 한 차례 호흡을 가눌 타이밍이 되면 자사 매체의 포털 연예 메인 점유율에 따라서 분위기가 완전히 갈린다. 그 결과에 따라 점심시간까지 또 여유 없이 내달려야 할 때가 부지기수. 동시에 회의가 진행되어, 당일 일정, 당직 등을 최종 체크한다. 이미 전날 개인 시간을 짜내어 써놓은 것을 출고하는 게 아니라면 기획기사나 인터뷰 기사를 차분히 다듬고 작성해 내보낼 시간은 없다. 냅다 전속력으로 내달린다. 쓰고 쓰고 또 쓴다. 약속을 위한 이동을 하면서도 포털 메인을 살핀다. 혹시라도 밥 먹기 직전 터지는 단독들을 체크한다. 점심을 먹으며 하는 미팅에 노트북은 당연히 필수다. 언

" "

제든 빼내어 일을 해야 할 순간들이 우리를 덮치기 위해 수시로 대기하는 중이다.

"왜요? 또 뭐가 터졌어요?"

밥을 먹으며 관계자에게 무언가 취재거리가 없나 눈치를 살핀다. 밥 먹고 나서 아무런 기사를 얻지 못하면, 혼이 나기도 한다. 안쓰러워하며 자사 혹은 타사의 정보들을 은연중에 흘린다. 점심 미팅이지만, 순수하게 밥'만' 먹기 위한 것은 아니다. 차를 마실 여유가 생기면 좋지만, 큰 기사거리를 얻지 못했다면 인사는 나누고 회사 혹은 취재 장소로 직행한다. 그러는 동안에 혹시라도 자신이 맡고 있는 분야의 타매체 단독이 나오지 않기를 빌어본다. 이동 중에 노트북을 빼드는 일만 없기를. 스스로 내놓은 단독으로 시간적 여유를 만들기도 하지만, 오히려 그게 뒤집혀 재수습이라는 숙제가 따라붙기도 한다.

'제발, 아무것도 일어나지 말아라.'

현장에서는 실시간으로 누가 먼저 메인에 기사를 거느냐를 가늠하며 그저 노트북 화면에 머리를 박고 손가락만 대차

" "

게 두드린다. 예전엔 무대에 나온 사람도 보고, 진지하게 질문을 하기도 했지만, 실시간 포털이 열린 순간부터 그것마저 여의치 않다. 추가적인 행동이 나오는 순간 속도 경쟁에서 뒤처진다. 백여 개의 매체에서 그 몇 배수의 기사가 동시다발적으로 포털이라는 공간에 무수히 쏟아진다. 메인에 걸리는 사람은 결국 극소수다. 하지만 반드시, 꼭 걸어야 한다.

"OO, 너 거기에 안 갔냐?"

데스크의 연락이다. 송출한 기사가 10개든 100개든, 메인에 안 걸리면 내 기사는 -안이든 밖이든- 안 나간 취급을 받게 된다. 보이지 않는 기사는 기사가 아니다. 공들여 쓴 기사가 좋은 게 아니라, 메인에 걸리는 좋은 기사가 되는 세상이다. 최근의 인터뷰도 별반 차이가 없다. 그저 기계적으로 문답이 오가고, 포털 메인을 위한 전투적 기사 송출이 실시간으로 이뤄진다. 말을 곱씹을 시간은 없다. 인터뷰어도 인터뷰이도, 이미 잘 안다. 오후 일정 1-2개를 소화하면 퇴근과 함께 저녁 술자리가 진행된다. 술자리에서는 다음날 오전에 사용할 기사거리를 필사적으로 만들어내야 한다. 혹시라도 술에 취해서 기억이 끊기기 전에 휴대폰에 기록들을 최대한 남겨놓는다. 상대가 알아주고 안쓰러워해 주면 서럽고 또 감사하다.

" "

"기삿거리 나왔으니깐 이제 편히 마셔요."

재택근무로 TV 모니터에 투입되는 이들도 늘었다. 지상파에서 종편과 케이블, 심지어 온라인 라이브까지 나누어 모니터를 하는 곳도 있다. 실시간 모니터를 해본 사람은 안다. 1분 정도라도 생각할 겨를이 생겨나면, '내가 지금 여기에서 무엇을 하고 있나?'라는 슬픈 상념이 덮치기도 하지만, 그럴 시간은 좀처럼 나질 않는다. 2~3개 방송을 다 보고 종합 기사까지 내어도 오전 송출용 기사를 다시 만들어 낸다. 그날 메인을 잡지 못한 상태라면 다음날 아침 메인을 잡기 위해 어떻게든 무언가를 짜내야 한다. 심야 예능 프로그램의 러닝타임이 길어지면서 우리가 잠드는 시간은 더 늦어졌다. 조용한 새벽이 오면 비로소 손을 턴다. 벌써 내일이다. 아침에 다다르면 다시 복붙한 일상들이 반복된다.

"연예부 기자라니, 정말 좋겠어요!
날마다 즐거울 것 같아요."

사람들이 (가끔) 부러워하지만, 잘 알지 못하는, 그리고 말하고 싶지 않은 연예부 기자의 아주 보통의 하루.

" "

" "

치열한 삶을 사는 당신에게

더 잘하는 모습을 보여드리고 싶고,
실망시켜 드리고 싶지 않다.
계속 발전해야 한다는 생각,
더 좋은 연기를 보여줘야 한다는 압박감,
그런 노력들로 인해 뭔가 조금이라도
진화하는 모습을 봐주셨으면 좋겠다.
'도전하고 있는 배우구나'
'치열하게 고민하는 배우구나'
하는 걸 알아주셨으면.

배우 손예진, 2014년 7월 인터뷰에서

맡은 바 업무에 있어 안심할 수 있는 순간이란 것이 존재하는 것일까. 이제 일을 시작한 지 20년을 목전에 두고 있지만, 여전히 이런 의문이 머릿속을 헤매는 것을 막을 방도가 없다. '이제 좀 슬렁슬렁 살아도 되겠네'라는 순간은 아직 한 번도 오지 않았다. 여전히 내 삶은 변함없이 치열함의 연속. 자칫 방심하면 쌓아온 모든 것이 날아갈 수도 있겠다는 긴장감을 놓지 않은 채로, 하루하루를 부지런히 살아낸다.

"혹시… 20년 차가 되면, 좀 나아지나요?"

선배에게 물어봐도 또렷한 답은 없다. 대기업이나 전문직 등 다른 직종에 종사하는 분들에게 물어봐도 답은 별반 다르지 않더라. 연령과 성별을 불문하고, 어느 위치에 있든지, 이곳에 살고 있는 모든 사람들의 마음은 어쩌면 매한가지가 아닐까. '언제쯤 여유가 생길까' 그리고, 하나 더 '지금보다 잘하고 싶다.'

노력만으로 되지 않는 부분이 존재하고, 그런 지점에 부딪히면 분명 속상하다. 하지만 일단 자신의 역량을 다해 최선을 다해 임하는 자세는 분명 직업인으로서 취해야 할 태도라고 생각한다. 그런 다음이라면 쌓인

불만을 토로하든, 사표를 내고 퇴사를 하든, 뭔가 다른 활로를 찾아 나서도 좋다. 하지만 정작 노력은 제대로 해보지도 않고, 일단 투정부터 부리는 행동은 제발 지양했으면 한다. 적어도 자의로 택한 길이라면.

손예진 배우와의 인연은 2009년 '제30회 청룡영화상' 준비 과정의 팔로우 취재로 시작됐고, 이후 MBC 드라마 <개인의 취향> 인터뷰와 종방연, 그리고 시간이 흘러 2014년 영화 <해적: 바다로 간 산적> 인터뷰로 이어졌다. 무려 10여 년 전 처음 만나 뵈었을 때도 이미 대한민국 톱배우의 위치에 있었음에도 불구하고, 그는 여전히 그 자리에서 빛을 내고 있는 몇 안 되는 존재다.

"뭔가 조금이라도 진화하는 모습을 봐주셨으면 좋겠다."

손예진 배우와 이야기를 나누면, 현재의 성과가 그저 우연처럼 얻어서 걸린 게 결코 아니라는 것을 알 수밖에 없다. 가장 높은 자리에서 여전히 도전하고, 꾸준히 치열한 그녀를 지켜보며 내가 여태껏 들인 노력을 다시금 객관적으로 찬찬히 돌아보게 된다. 조금 더 애써봐야겠다.

" "

" "

욕심 말고 최선, 일단 그것부터!

분량이 많고 적음보다는
강하게 나를 어필할 수 있는
그런 신이 좋다.
모니터링을 하다 보면
'인나'의 대사와 표정에서
아쉬움을 느끼는 경우가
대부분이다. 짧은 장면이라도
아쉬움이 남지 않는
연기를 보이고 싶다.

배우 유인나, 2010년 1월 인터뷰에서

사회생활을 하면서 가장 마주치기 싫은 상대를 꼽자면, '무턱대고' 자신의 욕심만 앞세우는 사람이다. 욕심 그 자체를 뭐라고 하는 게 아니라, 자신에게 주어진 역할이 있음에도 불구하고 그것을 아랑곳 않고 그저 막무가내식으로 눈 앞에 보이는 욕심부터 손을 뻗어 취하려는 행태. 곁에서 그런 짓을 보고 있으면 한숨이 절로 나온다.

자신에게 주어진 것에 최선을 다할 생각은 없이 그저 "더, 더, 더!"를 목청껏 외치며 욕심을 부리다가, 어찌어찌하다 결국 기회가 주어지더라도 정작 소화조차 하지 못하는 경우가 부지기수다. 조직에서 업무의 배분이라는 것은 각자가 적합한 롤을 부여받고 그것을 통해 서로가 맞물려 전체가 효율적으로 움직이는 구조를 전제로 한다. 그런데 이런 행위는 그런 원칙을 무시한 채 자신만 살겠다는 이기적인 모양새다.

자신의 그릇으로는 감당할 일도 아닌데, 그것을 전혀 셈하지 못하고 그냥 조금이라도 더 '있어'보이는 것을 해보고 싶어 하는 지극히 유아적인 발상. 이런 인간은 선배든 후배든 동료든, 일단 파악되는 순간 피하고 보는 게 상책이다. 업무적으로 최대한 얽히지 않는 게 낫다.

" "

기자 생활 도중에도 이런 후배를 만난 적이 있다. 결국 그 욕심이 무색하리만치 몇 년이 지나도록 일이 제대로 안 풀려 제자리만 쭉 맴돌고 있는 것을 보면 안쓰럽기도 하면서도, 결국 모두 본인이 자초한 것이라는 생각이 드는 것은 어쩔 수 없다.

그러니 반대로, 일단 자신의 맡은 바 최선을 다하는 사람이라면 무조건 함께 해 볼 가치는 충분하다. 인간은 서로의 합에 의하여 완성이 되는 존재다. 서로가 정한 룰을 제대로 지키는 사람이라면, 기획과 계획만 잘 이뤄진다면 예측한 방향을 크게 어긋나지 않고 앞으로 함께 나아가는 게 가능하니 말이다.

유인나 배우를 처음 인터뷰했던 것은 2009~2010년, MBC 일일시트콤 <지붕 뚫고 하이킥> 시절이다. 그녀는 분량 그 자체나 주연 캐릭터에 대한 욕심보다, 자신에게 할당된 짧은 그 시간을 누구보다 훌륭하게 소화해 내는 게 우선이었다.

그렇게 자신의 역할에 누구보다 충실했던 유인나 배우는 결과적으로 어엿하게 한 작품을 이끄는 주연 배우로 자리매김했고, 모두의 호감을 자아내고 있다. 10년이라는 세월이 모든 배우를 그렇게 만들어주지 않는 것을 보면, 당시의 그녀가 내뱉었던 단어 하나, 문장 하나

" "

를 되새겨보게 된다.

" "

스스로에게 떳떳한

월드스타가 되는 것에는
관심 없다. 그냥 내 첫 번째 목적은
스스로에게 떳떳한
음악을 만드는 거다.
그런데도 많은 사람들이
사랑해 주니 감사할 뿐이다.

뮤지션 나얼, 2012년 9월 인터뷰에서

휴식기다. 타의에 의한 게 아닌 자의에 의한 쉼표. 지난 10년간 줄곧 내달리기만 한 것 같아서 스스로에게 준 안식년. 물론 그런 게 세상에 통용될 리 없기에, 많은 이들이 우려 섞인 연락을 수시로 보내온다.

"잘 지내? 아, 이런 걸 물을 상황이 아닌데…"
"네? 하하하하하하하."

무슨 큰 일이라도 벌어진 것처럼 다들 조심스럽다. 어떤 마음인지 모르는 바 아니지만, 그렇다고 구구절절 설명은 또 귀찮다. "괜찮다"라고 말하는데, 돌아오는 말이 "그래, 힘내!"인 것을 보면 아무래도 우리가 효율적인 의사소통을 해내는 데 실패한 듯싶다. 어쩔 수 없다. 어차피 인간은 본디 오지랖의 동물이기도 하거니와, 각자의 시선으로 타인을 평가하는 존재가 아니었던가.

다른 사람의 시선에 휘둘리지 않으려고 매번 마음을 다잡으면서도 그게 여전히 쉽지가 않다. 온전히 나를 위한 다음 스텝을 딛고자 고민하다가도, 이후 다각도로 튀어나올 여러 반응들이 예측되어 주저하는 경우도 생긴다. 경력도 인생도 이 정도면 웬만큼 다져졌다고 생각했는데, 이럴 때 보면 완전 '쪼렙'이다.

" "

다른 누구도 아닌, 나를 위한, 내 인생의 길을 거듭 고민한다. 무엇을 결정하든 (그것이 남에게 해를 끼치는 일만 아니라면) 가장 우선시되어야 하는 것은 나 자신이 되어야 한다는 생각은 변함없다. 이것을 몇 번이고 마음속으로 되새기려고 애쓴다.

많은 이들의 생각과 달리 '연예인'의 경우도 모두가 '스타'를 꿈꾸는 것은 아니다. 그들의 인생 역시도 각자의 길이 존재하는 법이니깐. 그래서, 그런 이야기를 아주 무덤덤하니 하는 이들을 보면 그 길을 한 목소리로 응원하고 싶은 마음이 돋아난다. "스스로에게 떳떳한 음악을 만드는 것"이라는 뮤지션 나얼의 멘트를 곱씹으며, '스스로에게 떳떳한 콘텐츠를 만들고 싶다'는 생각을 깊이 삼킨다.

" "

" "

함께 한다는 것은

드라마 주인공은
연기만 잘하는 것이 아니라
'모두와 함께 한다'는 생각을
기본적으로 갖고 있어야 한다.

배우 박은빈, 2009년 10월 인터뷰에서

고백하자면, 나는 스트레스에 꽤 취약한 편이다. 티 내지 않으려 애쓰지만, 그것이 영 쉽지 않다. 일을 할 때도 마찬가지다. 어려운 일, 힘든 일은 어떻게든 꾸역꾸역 해낸다. 그런데 내 손이 미처 닿지 않는 일, 내가 컨트롤할 수 없는 상황이 닥치면 그저 마음만 졸인다. 특히 사람이 그렇다. 타인은 각자의 의지로 움직이니까. 예측할 수 없는 존재들과 한 방향을 향해 간다는 건, 생각보다 훨씬 어려운 일이다.

피디를 꿈꾸던 내가 기자로 방향을 튼 것도, 어쩌면 그 때문이었을지 모른다. 피디는 한 배의 선장이다. 작품을 완성하기 위해 수많은 스태프를 이끌어야 한다. 멋진 일이지만, 그만큼의 무게를 견뎌야 한다. 반면 기자는 혼자 하는 일이 많다. 매체에 소속돼 있어도, 취재하고 쓰는 건 결국 나 혼자다. 지기 싫고 승부욕 강한 내 성격에, 이 일은 딱 맞았다. 타인의 눈치 볼 필요 없이 내 영혼을 갈아넣으면 나름 그럴싸한 결과물이 나왔으니까.

회사를 벗어나 독립했을 때, 완전한 자유가 펼쳐질 거라 믿었다. 물론 그럴 리 없었다. 여전히 여러 곳, 여러 사람과 호흡하며 일을 해나갔다. 혼자서는 만들 수 없는 것들이 있었다. 책 한 권을 위해서 작가, 편집자,

" "

디자이너, 마케터, 인쇄소, 유통사까지 수많은 노력이 모여야 했다. 인터뷰 역시 마찬가지였다. 나를 믿고 마음을 열어준 인터뷰이가 있었고, 그 현장을 만들기 위해 애써준 주변의 이들이 있었다. 기사가 작성돼 출고되고, 그것이 또 읽히는 과정에서도 많은 이들의 손길이 닿았다. 시간이 지나면서 '내가 잘했다'보다 '함께한 사람들이 좋았다'는 생각이 부쩍 늘었다. 완벽한 결과보다 중요한 건, 그 과정을 견딜 수 있게 해주는 팀이라는 걸 비로소 안 거다.

지금은 많은 사람들이 <이상한 변호사 우영우>로 떠올리는 박은빈을, 나는 학생이던 시절 처음 만났다. <선덕여왕> 인터뷰였다. 그런데 그는 당시 이미 '모두'의 소중함을 알고 있었다. 어린 나이에 수많은 사람과 호흡해야 하는 대형 사극 현장은, 그를 또래보다 훨씬 빨리 어른으로 만들었던 게 분명했다. 지금도 다양한 현장에서 묵묵히 제 몫을 해내며 미담을 남기는 그는, 어릴 적부터 될성부른 떡잎이었다.

그날의 인터뷰가 문득 떠오를 때가 있다. 특히 일이 버겁고 사람이 어려울 때. 열여덟 살의 배우가 했던 말이 한참을 돌아, 이제야 내게 와닿는다. 함께한다는 건 단순히 물리적으로 여럿이 모인다는 뜻이 아니었다. 서

" "

로의 부족함을 채우고, 때로는 서로를 견뎌내며, 결국 혼자서는 갈 수 없는 곳까지 나아가는 일이었다.

혼자서 완벽히 해내고 싶던 시절이 있었다. 그건 열정이자, 자만이자, 불안이었다. 이제는 안다. 일의 성취보다 더 소중한 건, 곁에서 함께 웃을 수 있는 사람이라는 것을.

감정도 묵히면 똥 된다

내게 <응답하라 1988>은 초보운전 같다.
운전하는 내내 불안했는데,
내리고 나니 설레고 뿌듯했다.

배우 유재명, 2016년 1월 인터뷰에서

기자 생활을 하며 선배에게 가장 자주 들었던 말 중에 하나가 바로 "감정을 표면에 드러내면 안 된다"였다. 좋아도 절대 좋은 척하지 말고, 싫어도 싫은 티를 내지 말아야 한다고 했다. 표정을 잘 감추지 못했던 난, 그 때문에 여러번 혼이 나야 했다.

담백한 것이 쿨한 것으로 여겨지는 시대. 큰 소리로 웃고, 펑펑 눈물을 쏟는 것을 감정 과잉으로 치부한다. 감정도 통제하지 못하면 무언가 고장난 인간 취급을 받기도 한다. 감정을 걷어낸 무표정을 강요받는, 무채색의 시대에 우리는 산다.

면허를 따고 처음으로 운전하던 순간을 떠올린다. 온몸에 힘이 잔뜩 들어가, 몸살이 났다. 다른 차들과 거리가 지나치게 가깝게 느껴져 당장이라도 부딪힐 것 같고, 끼어들 타이밍은 좀체 오질 않았다. 목적지까지만 무사히 도착하면, 그것으로 뛸듯이 기뻤던 때다.

익숙함은 불안감을 지운다. 하지만 서툴기에 얻을 수 있던 성취감도 사라진다. 억지스러워서 좋을 건 없다. 오히려 솔직한 마음으로 다가설 때, 더 나은 결과물이 나올 수도 있다. 인간의 감정에도 유통기한이 있다. 시간이 지나 억지로 그것을 빼내려 해도 나와주지 않을 때가 올 것이다. 감정도 묵히면 똥 된다.

" "

카테고리의 덫

사람들은 누군가를 카테고리 안에
포함시키는 걸 좋아한다.
그가 누군지 몰라도, 카테고리 안에
밀어 넣으면 이해하기 쉽다..(중략)
개인(individual)은 유일하다.
나와 같은 사람은 나뿐이다.

배우 스티븐연, 2017년 7월 인터뷰에서

"조금 있으면 OOO 오니깐, 인터뷰 준비해." 기자로서의 내 첫 직장은 스포츠지였다. 그곳에서의 인터뷰는 종종 이런 형태로 진행됐다. 그나마 1시간이라도 주어지면 다행이지만, 당장 몇 분 전에 이런 '통보'를 받는 경우도 있었다. 그럴 때면 가능한 빠르게 정보를 취합해 '그럴싸한' 질문지를 작성해야 하는 것이 내 몫이었다. '스타'들이 아닌, 신인 연예인의 경우 이런 형태가 대부분이었다. (물론 지금은 완전히 바뀌었다. 매체의 힘이 예전보다 더 희미해졌고 회사로 내방해서 1대 1 인터뷰를 하는 것 자체가 드물어졌다.)

세부적으로 나눠둔 카테고리형 질문이 이럴 때 참 유용하다. 연기파 신인 배우에게는 롤모델을 물어서 '송강호'나 '최민식' 같은 선배 배우의 이름을 이끌어내거나, 미혼의 연예인에게는 이상형이나 결혼 계획을 묻거나, 신비주의 이미지라면 출연하고 싶은 예능 프로그램을 묻는다거나 하는 식이다. 나이로, 직군으로, 성별로, 출신 지역으로, 학벌로, 데뷔 형태로, 소속 회사로 다양하게 나눈 카테고리를 통해 몇 번이고 사용되어 검증된 질문을 건넨다. 질문과 질문 사이를 어색하지 않게 넘어가는 것은 각자의 타고난 역량이거나 혹은 경험치다.

이러면 준비 시간이 짧아도, 주어진 1시간 동안 어

느 정도 유의미한 인터뷰 기사를 만드는 게 가능했다. 문제는 연차가 쌓이고, 인터뷰를 준비하는 시간이 길어 져도, 이 같은 카테고리화를 완벽하게 벗어나지 못했다 는 데 있다. 이것은 인터뷰를 진행하는 기자에 국한된 것이 아닌, 어쩌면 상당수의 대중이 범하는 실수이기도 했다.

봉준호 감독의 영화 <옥자> 개봉을 앞두고, 한국을 방문했던 배우 스티븐 연을 마주했다. 그는 미국 드라 마 <워킹데드>에 출연해 이미 전 세계에서 큰 인기와 인지도를 가진 배우였다. '미국에서 가장 핫한 아시안 배우'라는 수식어를 정작 그가 선호하지 않는 것에 대한 질문을 꺼냈을 때 흥미로운 답변이 돌아왔다. 사람들은 흔히 카테고리에 누군가를 밀어 넣고 자신들의 이해를 수월하게 한다는 설명이었다. 스티븐 연은 그럴 바에는 "차라리 내가 누구인지 몰랐으면 한다"라고 덧붙였다.

찔끔했다. 정형화된 카테고리를 활용해 인터뷰를 수 월하게 넘어갔던 지난 시간이 스쳐서다. 실상 카테고리 라는 것은 누군가에 대한 잘못된 선입견으로 이어지는 경우가 많다.

'카테고리'에 대한 이야기로 시작된 그날의 인터뷰 의 흐름의 핵심은 '개인(individual)'에 대한 이야기였

" "

다. 우리는 모두 각자 다른 사람이고, "나와 같은 사람은 나뿐이"라는 결론이다. 배우와 마주 앉아서 '개인' '개인주의' '정체성' '사회문제'에 대한 주제로 인터뷰를 했던 것이 흔한 경우는 아니라서 스티븐 연과의 인터뷰는 오래도록 기억에 남았다.

인터뷰를 한다는 것은 할애된 1시간 안팎 만이 전부는 아니다. 그 시간을 최상으로 활용하기 위해 인터뷰에 앞선 사전 자료조사, 가능한 질문 수량보다 몇 배에 달하는 질문 준비, 이전 인터뷰에서 몇 번이고 답했던 내용을 모른 채로 다시 묻는 일을 최소화시키는 것 또한 필요하다. 인터뷰가 끝나면, 녹취 혹은 기록을 인터뷰의 몇 배에 해당하는 시간 동안 곱씹는다. 그리고 그것을 가장 이해하기 쉬운 형태로 글로써 뱉어내는 일이 중요하다.

희한하다. 인터뷰라는 행위는 하면 할수록 알면 알수록, 오히려 더 어렵다.

타고난 재능이 없다

연기쪽으로 타고난 재능이 있다고
생각하지 않는다. 오히려 분석하고
정리하는 데 소질이 있다.
책 3권 정도 분량의 '연기 노트'를
가지고 있다. 지금도 여전히
쓰고 있는 중이다. 발성과 연기에 대한
이야기가 가장 많다.

배우 남궁민, 2014년 5월 인터뷰에서

기억은 늘 제멋대로다. 어떤 장면은 필요 이상으로 선명하고, 어떤 순간은 아무리 애써도 흐릿하다. 그래서 기록이 필요하다. 기록은 기억이 놓친 틈을 채우고, 휘발되기 쉬운 것들에 형태를 부여한다.

머릿속에서만 맴돌던 생각들이 텍스트로 옮겨지는 순간, 비로소 윤곽을 얻는다. 학창 시절 수업 시간에 노트를 정리하던 일도 그 연장선에 있다. 인터뷰 현장에서 오가던 말들을 글자로 옮기는 것도 마찬가지다. 차분히 녹취록을 풀다 보면, 그때는 스쳐 지나갔던 말이 앞뒤 맥락과 맞물리며 새로운 의미를 드러낸다. 기록은 그렇게 조금 더 정확하게 이해하려는 시도다.

그런 점에서 기록은 묘한 평온을 안긴다. 정리되지 않은 감정이 문장으로 내려앉는 순간, 혼란이 서서히 가라앉는다. 어제의 불안도, 오늘의 문장 속에서는 다른 이름을 얻는다. 누군가에게 털어놓지 않아도, 쓰는 행위만으로 마음이 정돈된다. 기록은 결국 나를 달래는 가장 조용한 방식이다.

남궁민 배우는 연기에 대한 재능이 없다고 스스로 말했다. 그보다는 분석하고 정리하는 데 소질이 있다고 덧붙이면서. 그 말이 인상적이었던 것은, 기계적인 겸손이나 자조 따위가 아닌 자신을 객관적으로 바라보려는 노력처럼 느껴졌기 때문이다. 그가 쓴 연기 노트는 어쩌면 그에게 냉정한 거울이자 든든한 조력자가 되어주지 않았을까.

누군가는 타고난 재능으로 정상에 오르기도 하지만, 대부분의 사람은 그렇지 않다. 자신이 무엇을 잘하고 무엇이 부족한지 명확히 아는 것, 그것이 때로는 재능보다 중요하다. 기록은 바로 그 지점에서 힘을 발휘한다. 어제의 나와 오늘의 나 사이에서 무엇이 달라졌는지, 어디로 가야 하는지를 보여준다. 막연한 자신감도, 막연한 불안도 아닌, 정확한 자기 이해. 그것이 기록이 선사하는 가장 실질적인 선물이다.

기록은 솔직하다. 포장되지 않은 날것의 내가 있고, 그래서 더 믿을 만하다. 책 3권 분량의 노트를 채웠다던 그때의 남궁민은 이후 <스토브리그>, <검은태양>, <천원짜리 변호사>, <연인> 등을 연달아 흥행시키며 '믿고 보는 배우'로 거듭났다. 그는 지금도 여전히 그 '연기 노트'를 쓰고 있을까 문득 궁금해졌다.

" "

" "

과거와 현재와 미래의 내가
나눈 대화들

잠을 안자도 좋으니깐
남은 20대 동안 밝고, 사랑스럽고,
풋풋한 모습을 카메라에
더 많이 보여주고 싶다.
30대 중후반이 되면 풋풋함보다는
여성미와 느껴지면 좋겠고,
40대 후반엔 깊이가 있는 악역을
해봤으면 좋겠다.

배우 경수진, 2014년 10월 인터뷰에서

어릴 적 상상했던 나의 40대가 구체적으로 떠오르진 않지만, 적어도 확실한 건 지금의 모습은 아니란 사실이다. 학창 시절 '40대'라는 나이는 손이 닿지 않을 만큼의 엄청난 어른이라고 생각했기에 인생이 어느 정도 완성된 시기일 거라 짐작했다. 하지만 40대가 된 지금도 여전히 이루지 못한 인생의 숙제가 산재하다. 나름 부지런히 살아온 것 같은데, 이뤄놓은 걸 보면 막막하다. 무서워서 입 밖에 쉬이 내놓지 않지만, 머릿속을 맴도는 것은 '나 앞으로 먹고살 수 있을까?'라는 생각이다. 참 한결같다.

어렵다. 획일화된 범주에서 일단 꾸준히 따라가기만 하는 10대의 학창 시절과 확 다르다. 20대는 성인이었음에도 대학, 군대, 취업 등으로 분주하게 보내다 보니 어느새 끝나버렸다. 30대는 끝도 없이 밀려오는 업무들과의 사투다. 40대는? 가이드가 정해진 게 없고, 사소한 결정도, 그에 따른 책임도 모두 내가 짊어져야만 한다. 덤덤하려 해도 매 순간이 무섭고, 소심하게 몇 번이고 시뮬레이션을 돌려봐도, 결과는 예측을 벗어나는 경우가 잦다.

그럼에도 난 나의 40대를 기대해본다. 이번에도 몽땅 다 빗나가버릴지 모르겠지만, 그러면 또 뭐 어떤가.

" "

빗나간 삶도 나름 의미가 있고, 미리 그려본 탓에 예측 못한 일들이 더 빛날 수가 있다. 고용된 회사의 부속물이 아닌, 주체적인 자아. 누구에게도 해를 끼치지 않고, 스스로 즐겁고 행복하되 의미 있는 삶을 살아가는 사람. 다시는 오지 않을 현재를 곁에 있는 사람들과 여유롭게 즐길 수 있는 그런 40대이길.

2014년에 인터뷰로 만났던 20대의 경수진 배우는 활기가 가득했다. (MBC 예능 <나 혼자 산다>에서 보여준 경수진은 찐이다!) 밝고 사랑스럽고 풋풋했던 그는 잠을 잠시 밀어두고서라도 조금 더 당시의 모습을 카메라에 담아두고 싶어 했다. 어느덧 30대에 접어든 그가 그때 생각했던 변신에 스스로 성공했다 느끼고 있을까. 그러다 40대가 되면 섬뜩한 악역으로 나타날까.

옳고 그른 건 애초에 없다. 과거와 현재와 미래의 내가 시간차를 두고 주고받는 대화가 존재할 뿐이다.

" "

" "

가슴으로 느끼고 머리로 창조한다

가슴으로 느끼고,
머리로 창조해낼 수 있는
상상력을 키워야 한다.

배우 이준기, 2018년 9월 인터뷰에서

취준생 시절, 직장에 들어간다는 일은 꽤 근사하게 느껴졌다. 새로운 업무를 배우고, 숙련된 선배들의 모습을 바라보며 무언가를 꿈꿔보는 시간. 이날을 위해 그토록 긴 학창 시절을 애쓰며 보낸 것 같다는 생각이 들었다. 긴 시간을 보상받는 느낌. 일정한 금액의 '급여'를 정기적으로 받는다는 것은, 경제적 독립이 가능하게 함으로써 '실질적 어른'이 된듯한 느낌을 갖게 했다. 학업이 아닌 무언가가 본업이 되는 그 시기는, 모든 게 다 설렜다.

직장인이 되고 맡은 업무가 익숙해질 무렵, 고비가 찾아온다. 지금 내가 하고 있는 일에 별다른 의미를 찾지 못하고, 그저 기계적으로 돌아가는 삶을 마주하게 될 때다. 그게 1-2년 차 무렵이란 사람도 있고, 4-5년 차라고 말하는 이도 있지만 어쨌든 대다수 직장인은 이런 생각이 머릿속에서 피어난다. 그 누구도 "직장 생활은 정말 행복해"라고 말하지 않는다. "그런 게 어딨어? 그냥 다 먹고살기 위해 하는 거지"라는 답변이, 보통의 답변이다. 먹고사는 일 때문에 일을 한다.

기자라는 일이 익숙해지고, 대부분의 일을 수월하게 처리할 만큼의 네트워크가 생겨났을 무렵, 문득 지금 하고 있는 일의 의미에 대해 진지하게 고민하게 됐다.

" "

'난 지금 뭘 하고 있지?'라는 의문이 나를 덮쳤다. 평생 즐겁게 사는 것이 목표였던 학창 시절의 나는 사라지고, 기계적으로 뉴스를 급히 '처리'하고 있는 나만 보였다. 포털 사이트의 메인에 걸리는 게 목표가 되기도 했다. 그런 생각이 한 번 생겨나니, 이후에는 지속적인 회의감이 밀려왔다.

"저… 퇴사하겠습니다."
"왜? 어디 다른 곳으로 옮기니?"
"아뇨, 지금 행복하지가 않아서요."
"뭐? 뭔 헛소리야. 일이나 해"

그런 말을 남기고, 처음으로 다음의 행보를 정하지 않은 채 멀쩡히 다니던 회사를 그만뒀다. 나중에 들었지만 우리 대표는 내가 다른 회사로 옮기는 걸 말하기가 힘들어서, 그냥 딴소리를 하는 것이라고 여겼다 했다.

인터뷰를 할 때, 신인과 스타는 차이가 있다. 신인은 눈 앞에서 당장 철이라도 씹어먹을 열정으로 주어진 시간에 가능한 모든 에너지를 뿜어내지만, 스타는 그렇지 않다. 한 마디 한 마디를 고민하고 조심한다. 커진 영향력으로 인해 파장이 염려돼서 그렇기도 하고, 쌓인 연

" "

차로 인해 다소 의무감에 떠밀린 '업무'라는 생각에 그러는 경우도 있다. 마치 오래된 직장인들처럼.

인터뷰뿐 아니라 본업에서조차 그럴 때가 있다. 연차가 쌓인 배우들은 연기 스킬이 늘어나면서 기계적으로 역할을 소화하기도 한다. 어떤 고민도 없이, 해왔던 대로 그냥. 배우 이준기는 그런 것을 경계했다. 언젠가 인터뷰에서 '기술적'으로 나오는 그런 연기를 염려하며 "가슴으로 느끼고 머리로 창조해낼 수 있는 상상력을 키워야 한다"라고 말했다. 새로운 작품에 나서는 이준기를 볼 때마다, 그때 그가 내놓은 멘트가 떠오른다.

스스로 일에 대한 의미를 찾지 못해서 헤매기 시작한 이들 역시, 이 말을 되새겨보면 어떨까. 서툴더라도 애정 가득했던 언젠가의 시기를 떠올리며.

100미터 달리기가 아니다

100미터 달리기처럼
몇 초안에 이뤄지는
직업이 아니다.

배우 송강호, 2015년 9월 인터뷰에서

퇴사를 하고 다음 일을 준비하는 과정에서 모 회사에서 솔깃한 제안이 들어왔다. 평소 관심이 있던 분야이기도 했고, 업계에서 평판이 좋은 리더가 있고, 왠지 잘하면 더 성장할 수 있을 것 같아 솔직히 좀 들떴다. 아직 새로운 업을 시작하기 직전이라 괜히 수습하거나 포기해야 하는 일들이 없으니 그야말로 최적의 타이밍이라 생각됐다. 최대한 빨리 미팅을 진행하고, 수락 의사를 전했다. 긍정적 반응을 내비쳤던 그날 만남 이후, 이미 나는 출근 일자를 머리로 정해보며 해당 업무에 대한 조사와 준비를 차곡차곡해나갔다.

문제는 그들의 결정이 차일피일 미뤄지다가 벌어졌다. 당초 '혹시 괜찮으면 부탁드린다'며 내놓았던 제안을 그들 스스로 거둬들이고 번복한 것. 그러한 답변을 예정보다 긴 시간에 걸쳐 기다렸다고 생각하니 그저 허탈했다. 그들은 수정된 형태의 제안을 또 건넸다. 나름의 사정이 있겠지만, 그렇다면 애초에 그런 찔러보는 식의 책임도 지지 못할 제안을 꺼내지 말았어야 했다. 회사 상황과 업무 방향도 제대로 정리하지 못하는 조직을 상대하며, 애정 어린 에너지를 쏟아내기엔 내 시간이 너무도 아깝다. 해당 회사를 향한 마음은 이미 저물었다.

" "

'디졸브 이직'이 아닌, '일단 퇴사'를 결정한 적이 이번을 포함해 몇 차례 있다. 다음 업은 회사를 그만두고 차분하게 준비하자는 마음에서였다. 퇴사 초반에는 모두의 응원을 받으며, 왠지 모든 걸 다 잘 해낼 수 있을 것 같은 힘이 돋는다. 하지만 시간이 지나 눈 앞에 보이는 성과나 결과물이 없으면 초조해진다. 정규직을 떠나 가장 힘든 순간은 사라진 월급날을 인지하고 마주하는 때다. 통장 잔고가 서서히 줄면 조급하다. 조급해지면 일을 그르치기 딱 좋다. 흐려진 판단이 똥인지 된장인지 구분도 못하고, 무작정 덥석 물어버리기 때문이다.

"일희일비하지 말라." 10여 년을 기자로 일을 하면서 많이 듣고, 또 많이 뱉었던 말이 바로 이 말이다. 업계 특성상 일이 어디로 튈지 모르게 흘러가는 경우가 많고, 그 계기로 인해 많은 것들이 송두리째 뒤바뀌는 것을 많이 보았다. 문채원 배우와의 인터뷰에서도 "좋은 건 좋은 대로 나쁜 건 나쁜대로, 크게 느끼고 싶지 않다"는 이야기를 들으며 공감했던 적이 있다.

영화 <사도> 개봉을 앞두고 송강호 배우를 만나 인터뷰를 했다. 그는 이미 <괴물>(2006), <변호인>(2013) 등으로 천만 관객을 두 차례 달성했던 터라 스코어에 대한 이야기가 자연스레 나왔다. 그는 덤덤했다. "흥행

" "

이 될 수도 있고, 안 될 수도 있다"라고 말하며, 이렇게 덧붙였다. "100미터 달리기처럼 몇 초안에 이뤄지는 직업이 아니다."

퇴사를 하고 다음의 일까지 공백기에 서있는 지금의 나 같은 사람, 혹은 지금 자신이 처한 일이 뭐하나 제대로 풀리지 않는다고 한탄하는 이들에게 꼭 필요한 말이 아닐까. 우리는 지금 100미터 달리기를 하는 것이 아니니 잠시 주춤한다고 해서 답답해하거나 슬퍼하지 말라고. 아직 우리 앞에는 무한의 시간들이 기다리고 있다고.

" "

아무것도 아닌, 모든 것

해외토픽에서
위로를 받는다.

배우 문채원, 2010년 11월 인터뷰에서

삶은 크고 작은 일들이 한데 뒤엉켜 만들어진다. 항상 좋은 일만 가득하면 좋겠지만, 실제 세상은 그렇지 않은 일들도 겹겹이 등장한다. 원하는 대학을 못 가거나, 간절하게 꿈꾸던 직업을 갖지 못하는 경우가 예고도 없이 생긴다. 사랑하는 사람과 헤어지거나, 갑작스럽게 금전적 어려움에 직면하기도 한다. '이제 정말 다 끝났어'라고 생각되는 순간들. 그 경중은 다르지만 사실 모두의 인생이 결국 다 그렇다.

'나 이번 생은 망한 건가?'

방송국 PD 시험에 떨어진 것을 확인했던 지난 2009년의 어느 날, 자책감에 휩싸여 스스로 실패한 인생이라 책망했다. 그보다 앞서 수능 점수가 생각보다 좋지 않게 나와서 원하는 대학을 지원할 수 없게 되어 크게 낙담한 적도 있다. 당시만 해도 세상이 모두 무너져 내린 것만 같던 그 일이, 10~20년이 지나고 돌이켜보니 사실 별일도 아니었다. 그런 이야기를 대학생이나 취준생을 대상으로 한 강연에서 종종 한다. 아무것도 아닌, 모든 것에 대해서.

(슬프게도) 큰 도움은 안 될 거라는 것도 안다. 여러

SF작품에 등장하는 것처럼 '미래의 나'를 만날 기회가 있다면 그의 조언으로 지금의 괴로움을 떨쳐낼 수 있을지 모르지만, 철저한 타인의 말 정도로는 도무지 안도가 되질 않는다. 왠지 이번에 벌어진 일만은 내 인생에서 중차대한 일이라고만 자꾸 생각되고, 그러니 더 속상할 따름이다.

시간을 뛰어넘을 수 없다면 공간을 뛰어넘는 것도 좋은 방식이다. 다행히 문명의 발달로 인해 지구 반대편 이야기도 거의 실시간 확인이 가능한 시대가 됐다. 그 먼 곳에서 벌어진 몹시 황당한 일들을 보며, 이번에 내게 벌어진 이 일이 얼마나 대수롭지 않은지를 비교해 보는 거다. 분명 그 자체만으로 큰 도움이 된다.

이는 지난 2010년에 드라마 <괜찮아, 아빠 딸> 주연을 맡았던 문채원 배우가 인터뷰 때 알려준 방식이다. 힘든 순간이 곳곳에 산재한 우리네 인생에서 그것을 극복하는 방식이 "해외토픽을 보는 것"이라니.

예를 들면 내가 남자 친구랑 헤어졌다고 치죠. 근데 해외토픽을 봤더니 '지구촌 카사노바, 120명을 사귄 13세 소년'이란 기사가 있는 거예요. 그걸 보면 금세 쿨해지죠. 위로를 받는 거죠.

그때는 '참 4차원(*당시 이 단어가 유행했다)이다'라

" "

고 생각했는데 시간이 지나고 나니 이 방식이 의외로 도움이 된다. 그것은 마치 미래의 내가 건네는 '지나고 나면 결국 별 일 아니야' 만큼이나 퍽 위로가 됐다. '모든 것'이라고 생각했던 일이, 결국 '아무것도 아닌 일'이 되는 순간이다. 우리는 이 순간을 견뎌내고, 정말로 별 일 아닌 것처럼 지금을 떠올릴 수 있는 날을 맞이하게 될 것이다.

이후에도 몇 번 문채원 배우를 인터뷰할 기회가 있었는데, 늘 도움이 되는 이야기를 건져왔다. "인생 뭐 있다"도 그중에 하나다. "삶은 한 번뿐이니 하루하루 열심히 살자는 뜻"이라는 말에 크게 공감했다. "무슨 일을 하든 포기하지 않는 게 중요하다. 제일 싫어하는 유형은 옆에서 포기를 종용하는 사람"이라는 말도 기억에 남는다.

인터뷰는 아무것도 아닌 것 같은 말 한마디가, 큰 도움이 되는 누군가에게 번져 나가게 애쓰는 일이다. 그러니깐 인터뷰어는 그 연결고리다.

" "

약점은 당신의 발목을 잡지 않는다

난 '솔' 이상이 안 올라가
'맥스솔'이라는 별명도 있다.
보통 한국 남자들보다
음역대보다 낮다.

버스커버스커 장범준, 2012년 3월 인터뷰에서

대학생이나 취준생을 대상으로 강연을 하러 가게 되는 경우가 있다. 그럴 때면 되도록 질의응답 시간을 최대한 길게 확보해 업계에 대한 궁금증을 풀어주려고 노력하는 편이다. 그럴 때면 공통적으로 듣게 되는 질문이 자신의 부족한 '스펙'에 대한 하소연이다. 좋은 학교가 아니라거나, 학점이 낮다든가, 외국어 점수, 수상 경력, 인턴 경험 등 자신이 부족한 것들에 대해 불안감을 내비친다.

누군가의 이력서를 보고 면접장에서 대상자를 뽑아본 경험이 있는 지금의 입장에서는 다양하게 채워진 '스펙'이란 것이 생각보다 중요하지 않을 수 있다는 것을 안다. 하지만 과거 취준생 시절 동일한 고민을 한 경험이 있기에 그들의 불안감 역시 공감한다. 사실 '스펙'이란 것은 지원 가능한 기준만 넘어서면, 그때부터 딱히 별다른 의미는 없다. 이후는 왜 회사가 당신을 뽑아야 하는가에 집중해야 한다.

10여 년 전 난 토익 점수가 아예 없는 취준생이었다. '토익이 없으면 취업을 할 수 없다'는 마음과 '토익 점수가 도대체 내가 하는 일과 뭔 상관이 있지?'라는 마음이 부딪혔다. 결과적으로 대놓고 '을'이었던 취준생 나부랭이 신분으로 등 떠밀리듯 토익 학원을 한 두 달 다닌 기

"　"

억이 있다. 하지만 오래지 않아 결국 토익 없이 취업키로 결심했다.

당시 스스로를 설득한 이론이 '닌텐도 이야기'라는 책에서 본 '강점 이론(Strength Theory)'이다. 약점을 보완하는데 시간을 쓰기보다 강점을 더 공고하게 하는데 집중하는 전략.

토익 점수는 없지만 대학 시절부터 꾸준하게 쌓아온 여러 경험이 있고, 학점은 낮지만 기업과 연계한 외부 활동에서 유의미한 성과들을 얻은 경력이 있다. 그렇게 토익 점수 없이도 지원 가능한 회사들을 검색해 지원했고, 여러 곳에 동시 합격하는 호사를 누렸다. 이후에는 경력직 이직이었기에 단 한 번도 토익 점수가 필요했던 적이 없다.

장범준을 만나 인터뷰를 한 것은 행운이었다. Mnet <슈퍼스타K3> 준우승을 하고 첫 팬미팅을 했던 날, 버스커버스커와 따로 만나 이런저런 이야기를 주고받았다. (워낙 활동 자체를 하지 않았던 이라서 이후에 좀체 그를 만날 기회는 생기지 않았다.) 시종 장난기 가득한 장범준은, 음악에 있어서만큼은 진지했고 위축됨이 없었다. 고음 일색이라는 오디션 프로그램에서 준우승을 거머쥔 그는 "'솔' 이상이 안 올라가 '맥스솔'이라는 별

" "

명도 있다. 보통 한국 남자들보다 음역대보다 낮다"라고 자평했다.

그러한 약점은 그의 발목을 잡지 않았다. 덕분에 "음역대가 어렵지 않고 가사도 편하니 모두가 공감할 수 있는 음악"을 한다고 했다. 이는 <슈스케> 출신 여러 뮤지션 중, 오랜 시간 큰 사랑을 받게 된 이유가 됐다.

세상에 완벽한 인간은 존재하지 않는다. 각각 다른 능력치를 보유한 누군가가 있을 뿐이다.

인생의 바로미터

역할을 소화하기 위해
드라마 촬영 전부터
매주 5일씩 꼬박꼬박
수영 연습을 했다.

배우 강소라, 2010년 10월 인터뷰에서

어린 시절 꽤 오랜 시간 콘솔 게임에 빠져 살았다. 시간을 보낼 마땅할 놀이가 없었던 시절이기도 했거니와, 일정한 공간에서 시간을 효율적으로 소비할 완벽한 유흥이라 여겼기 때문이다. 그 시간이 좀 길어지면서 대학 시절 한 지상파 아침방송에 게임 덕후로 소개되는 아주 웃픈 흑역사를 만들기도 했다.

게임이 좋았던 것은 레벨을 올리기 위해 축적되는 경험치가 수치화돼 또렷하게 보였기 때문이다. 시간과 노력을 쏟아부으면, 객관적 수치로 반영되다 보니 자연스레 '조금만 더, 조금만 더'를 반복하며 매달리게 된다. (결국 엄마의 등짝 스매싱을 통해 게임은 중단된다.) 다음 단계까지 얼마나 남았는지를 가늠할 수 있다는 것은 무엇보다 분명한 동기부여다.

현실은 다르다. 노력을 쏟아도 결과로 보여지는 게 한계가 있다. 아무리 노력해도 결과적 수치로 100% 반영되지 않는 기분이다. 수상이나 진급, 보상 등의 결과가 있지만 이 역시도 결국 주관적 판단에 의해 결정되는 일이 존재한다. 그러니 맥이 빠진다. 노력을 거둬들이거나, 노력을 들이는 것에 점차 느슨해지기도 한다.

작품을 시작하거나 혹은 마무리한 배우들을 만나 이야기를 나누며 늘 놀랐던 것은 작품 속 캐릭터에 몰입

돼 이전과 다른 사람이 되어있을 때다. 변신을 위해 쏟은 노력이 확연하다. 특히 전문직 역을 맡은 경우에는 더더욱 그렇다.

강소라가 신인 시절 출연한 SBS <닥터 챔프>(2010)라는 드라마가 있다. 국가대표 선수가 주요 캐릭터인 만큼, 출연 배우 모두의 노력이 어마어마했던 작품이었다. 당시 강소라는 수영선수 권유리 역을 맡았는데, 인터뷰 중 "역할을 소화하기 위해 드라마 촬영 전부터 매주 5일씩 꼬박꼬박 수영 연습을 했다"라고 웃었다. 본인만 아는 땀이다.

현실 노력의 수치는 모두에게 공평하게 확인되지 않는다. 그러니 항상 자신과의 싸움이 될 수밖에 없다. '보이지 않는 인생의 바로미터'는 그 주체가 누구냐에 따라 상반된 결과를 만들어내는 매개체다.

" "

" "

행복의 기준은 나

내가 생각하는 행복의 기준은
'지금 내가 행복하냐'다.
행복의 기준은 타인이 아닌
나 자신에게 향해야 한다.

배우 김대명, 2014년 12월 인터뷰에서

언젠가부터 '행복'이란 단어가 내 삶에 끈덕지게 달라붙었다. 대학 졸업 후부터 오랜 시간 해오던 기자를 대책 없이 그만두었을 때, 당시 회사 대표님에게 했던 말도 '지금 행복하지 않아서'였다. 물론, 그때 대표는 날 미친놈 보듯 쳐다봤지만.

이후 만나는 주변 지인들에게 입버릇처럼 "지금 행복하니?"를 묻고 또 묻고 다녔다. 어쩌면 그렇게 타인이 내놓은 행복에 근거해 나의 행복을 찾아볼 요량이었던 것 같다. 그러니 기준부터 완전히 잘못 잡은 셈이다. 안타까운 것은 이것에 대한 이야기를 이렇게나 한참 전 배우 김대명과의 인터뷰에서 직접 들었다는 점이다. 이걸 그때 좀 좀 더 일찍 떠올렸어야 했는데…

김대명 배우와의 만남은 꽤 생생하다. 지난 2014년 겨울이었고, 눈이 옅게 내리던 날이다. 인터뷰 이후에 친구들과 종로에서 술 약속이 예정됐던 터라, 그날 술자리에서 김대명 배우에 대한 이야기를 했던 기억도 있다. <미생>이라는 드라마로 당시 이름을 알리게 된 김대명 배우는, 우리 대학교의 동문이기도 했다.

특히 연기예술학과의 경우 내가 다녔던 신방과와 강의실, 매점 등을 공유했으며, 복수전공이라는 시스템을 통해 동일한 수업을 듣는 경우도 종종 있었다. (학연, 지

" "

연, 혈연을 걷어내려고 해도… 막상 이렇게 업계에서 만나면 반가운 감정이 생기는 것까진 어쩔 수가 없나 보다.)

그날 김대명 배우는 중학 시절 왕따를 당한 기억을 끄집어내 들려줬다. <미생>을 통해 많은 사람들이 알아볼 만큼 인지도가 올라가고, 또 입지나 작품에 대한 섭외 요청이 늘어난 것으로 인해 현재의 마음이 크게 동요하거나 흔들리진 않는다는 이야기를 위해서다. 정작 자신의 행복에서 중요한 것은 수시로 변하는 외부적인 요인이 아니라, 스스로에게 향해야 한다는 설명과 버무려졌다. 좋은 작품, 좋은 선후배 동료 배우들, 좋은 스태프를 만나 즐겁게 참여함으로써 스스로 느끼는 행복. 그것은 철저하게 자신에게 맞추어진 행복의 기준에 근거했다.

어쩌면 그가 조정석, 전미도, 정경호, 유연석 등과 tvN 드라마 <슬기로운 의사생활>의 주연을 꿰찬 것은, 이렇게 단단하게 잘 다져진 내면 때문이 아니었을까 싶다. 어떤 요행이나 단순한 운을 통해 이렇듯 모든 이들의 사랑을 받는 배우가 된 것이 아니라.

언젠가 또 인연이 닿아 김대명 배우를 만나면, 조금 더 그의 행복에 대한 이야기를 듣고 싶다. 그리고 나만

" "

의 행복의 기준을 잡고, 늘 평가하듯 따라다니는 타인들의 시선에서 벗어나야겠다.

" "

거·리를 좁힌다는 일은

대중에게 한 발 더
다가간 것 같아 행복하다.

배우 신민아, 2010년 10월 인터뷰에서

연예부 기자를 하는 동안 가장 많이 들었던 질문은 "실제로 보면 누가 가장 예뻐요?"다. 이는 비단 기자들 뿐만 아니라 아마도 엔터 업계에 있는 수많은 사람이 수도 없이 마주하는 질문일 것이다. 초창기에 이 질문을 받았을 때는 "다 예쁘다" 정도로 퉁치는 회피성 답을 제시하기도 했으나, 그것이 결코 질문자가 듣고 싶어 하는 류의 답변이 아니라는 것을 깨달은 이후로, 10여 년간 내가 그들에게 내놓은 답안지는 '손예진'과 '신민아'였다. 이 같은 답이 나오면 '역시!'라는 수긍의 눈빛으로 자칫 길어질 뻔했던 문답이 그럭저럭 만족스럽게 마무리되니깐. 물론 해당 답변은 언젠가 혼자 고심하여 마련한 사심 가득 묻어난 모범답안이다.

신민아 배우를 처음 인터뷰했던 것은 지난 2010년 SBS <내 여자친구는 구미호>가 종영된 직후다. 당시 어마어마한 애교가 탑재된 구미호 역할로 신민아는 모두에게 주목받았다. 최근 tvN <갯마을 차차차>에서 풋풋한 연애를 시작하는 치과의사 역으로 크게 사랑받고 있는 모습을 보니 당시가 문득 떠올랐다. 무려 11년의 시간차를 뛰어넘어 여전한 외모가, 시간의 직격탄을 맞은 듯한 중년의 내 모습과 비교되니 좀 쓸쓸하긴 했지만.

논현동의 한 카페, 바로 앞에 앉아있는 신민아의 모

" "

습은 다분히 비현실적이었다. 부끄러울 정도로 나대는 심장소리가 충분히 들릴 정도의 거리다. 통상의 드라마 종영 인터뷰가 그러하듯, 작품에 대한 이야기가 내용의 상당 부분을 차지했던 그때의 인터뷰 끝자락에 신민아가 했던 아주 담백하고 평범한 문장 하나가 또렷하다.

"대중에게 한 발 더 다가간 것 같아 행복해요."

그때의 신민아는 여러 CF를 휩쓸었던 명실상부한 CF스타였지만, 작품을 통해 대중의 큰 사랑을 받았던 일이 의외로 드물었다. 그런데 그 갈증을 <내 여자친구는 구미호>라는 작품으로 이뤄냈다. CF퀸으로서 충분히 행복한 삶을 살 거라고 생각했던 선입견을 가뿐하게 밀쳐낸 답변이다. 거기에는 대중과의 거리를 좁히지 못해 오랜 시간을 고민했던 신민아의 진심이 담겨있었다. 인터뷰 문장은 단순히 그것이 지닌 사전적 의미보다, 당시 인터뷰이를 둘러싼 복합적인 환경과 충분히 배합되어야만 비로소 진짜 의미를 갖곤 한다.

누군가에, 혹은 무언가에 다가선다는 것은 그에 상응하는 합당한 노력이 필요한 일이다. 그저 운이 좋아서 갑자기 물리적 거리가 좁혀지는 일은 좀처럼 발생하

" "

지 않는다. '운 좋은 날'이 오기 전까지 당사자의 노력이 축적됐고, 때마침 타이밍과 맞물려 실현되었을 뿐이다. 바꿔 말하면 별다른 노력도 하지 않는 이라면, 절호의 순간이 찾아온다고 한들 그 기회를 붙들 수 없다는 소리이기도 하다.

대중예술계에 있지만, '대중 따위는' 신경 쓰지 않고 마이웨이를 고집하는 이들을 보는 경우가 잦다. 그저 우매한 대중이 자신의 예술을 이해하지 못한다고 폄하하는 일이 그들의 흔한 일상이다. 좋은 기회를 잡고 성공한 이들에겐 '타협'이라는 단어, 혹은 '운'이라는 단어를 억지로 갖다 붙여서 그 결과물을 있는 힘껏 깎아내리는 것도 준비된 수순이다. 차라리 그냥 "부럽다"라고 하는 게 조금은 더 솔직한 게 아닐까. 물론 내가 신은 아니기에 그들의 진짜 속내까지 정확히 알 수 없지만.

행복은 목표하는 바에 닿았을 때 느낀다. 하지만 그 누구도 제대로 알아주지도 않은 순간에 스스로 다잡고 목표를 좇으며 노력을 덧대는 과정 역시, 행복을 선사하기도 한다.

" "

스스로 한계를 인정하기

언젠가 한계를 인정하고 나니,
그게 더 이상 한계가 아니라는
느낌이 들기 시작했다.
'그래, 이게 문제였지' 하면서
다시 부딪쳐보는 느낌이랄까.
스스로를 최대한 객관적으로
보려고 하는 편이다.

가수 겸 배우 이준호, 2018년 9월 인터뷰에서

모든 일이 원하는 대로 다 풀리면 좋겠지만, 그런 일은 웬만해선 없다. 누구나 어려운 시기가 있고, 고비가 있다. 다들 앞으로 나아가는 데 혼자서만 왠지 제자리걸음을 하는 듯한 느낌을 받을 때도 있다. 도저히 벗어날 수 없을 것 같아 다 포기하고 싶은 마음이 지척으로 덮쳐온다.

증험하며 알게 됐지만, 그런 순간은 생각보다 더 자주 우리 앞을 가로막는다. 당시에는 세상이 끝난 기분이 들거나, 패배자의 감정에 휩싸여 모든 의욕을 상실하기도 한다. 이런 순간에서 가장 위험한 행위는 '자기 합리화'가 아닐까. 지금의 상황이 자신의 부족함보다는 어쩔 수 없는 상황이 만들어 낸 안타까운 비극으로 인식하는 것 말이다. 실패의 이유를 타인에게 돌리거나, 또 다른 핑계를 만들어 내서 근본적인 원인에서 일단 멀리 도망치고 본다. 간솔한 인간의 보호 본능 같은 거다.

어쩌면 당장은 유용할지 모른다. 능력 부족이 아닌, 책임을 회피할 수단을 마련했으니깐. 마음이 한결 가벼워질 수도 있다. 하지만 장기적으로 봤을 때, 결국 이러한 일은 스스로의 성장을 가로막는다. 이러한 이들은, 일을 하면서 마주치기 꺼려지는 유형이기도 하다. 의외로 이런 인간이 꽤 많은데, 버튼이라도 누른 것처럼 줄

줄 입에서 핑계부터 나오는 것이 주요한 특징이다. 이런 캐릭터들은 업무적 관계를 오래 이어나가는 것도 녹록지 않다. 그래서 회사를 자주 옮기거나, 아니면 그 사람을 제외한 다른 이들이 퇴사하거나 이직한다. 그리고 다양한 레퍼토리를 꺼내놓는다. 요약하면 문제의 원인은 자신에게 있지 않고, 그저 하필 나쁜 사람을, 나쁜 상황을 만났고, 이번에는 운이 좀 없었다고 생각한다. 그렇게 민폐 캐릭터로 오래 연명한다.

그들이 부족한 것은 '객관화'다. 자기에게 관대한 것은 좋으나, 그러한 연유로 결국 본인의 성장을 스스로 막아선다. 앞서 말했던 것처럼 세상 일이 원하는 대로 풀리지 않는 경우가, 풀리는 경우보다 많을 확률이 높다. 그렇다고 그게 이번 생의 '엔딩'은 아니다. 그저 아직 남아있는 생의 다음 스테이지로 넘어가는 소소한 '과정'의 일부다. 그러니깐 그 상황을 객관적으로 분석하고, 이유를 찾아내는 것이 성장의 동력이 되는 셈이다. 태어날 때부터 스타인 경우도 있겠지만, 내가 만난 대부분의 인터뷰이는, 앞서 자기가 경험했던 가장 힘든 일들이 훌륭한 자양분이 됐다고 되뇌곤 했다. 아이돌 2PM 멤버 이준호 역시 그중 하나로 기억한다.

그룹 2PM으로 데뷔 때부터 지켜봤지만, 준호는 그

" "

룹 내에서 이렇다 할 주목을 받지 못했던 시기가 생각보다 꽤 길었다. 멤버 한 명 한 명이 더 앞서 나가고 인기를 얻었을 때도, 묵묵하게 자기의 자리를 지키고 있었다. 그리고 배우로서 영역을 확장한 후, 참으로 꾸준하고 진득하게 성장해갔다. 그 성장의 원동력은 아마도 '한계를 인정하는 것'에서부터 비롯됐던 것 같다. 한계라는 것이 어떤 난관이긴 하지만, 나아가는 것을 완전하게 가로막는 벽은 아니다. 보완할 수 있다면 보완하고, 그렇지 못하다면 그것을 과감하게 인정하고 받아들이고 어떠한 방책을 마련하면 된다. 성장에 필요한 미션 같은 것으로 생각하면 좋다. 자신을 객관적으로 보고, 자신의 한계를 체크할 수 있는 사람과 그렇지 못한 사람의 폭은 시간이 지날수록 더 아득하게 멀어진다.

"　"

그저 괜찮은 어른이 되어야겠다

사람마다 입장이 다르다.
그러니 뭔가를 함부로 재단하고
이야기할 수 없다.
"이런 방법이 있다"라고 짐작해
말하는 것이 상대에게 상처를
입힐 수도 있다.
우리가 대체 뭘 얼마나 알겠나?
그저 괜찮은 어른이 되어야겠다고
늘 생각한다.

뮤지션 김윤아, 2018년 7월 인터뷰에서

학창 시절부터 즐겨 듣던 노래의 주인공을 만나는 일은, 기자라는 직함을 갖게 된 이후에도 영 익숙해지지 않는 일이다. 특히 조용필, 송창식, 이문세와 같이 '선생님'이라 불러도 몹시 자연스러운 분들을 인터뷰이로 마주했을 때 유독 그러했던 것 같다. 그것이 그분들을 향한 존경심인지, 아님 부족한 인터뷰어라는 사실을 들키지 말아야겠다는 긴장감인지, 혹은 그저 단순히 주눅이 들었기 때문인지 또렷하게 기억나진 않는다. 아무튼 그런 인터뷰의 경우 끝나고 나면 몸 안의 에너지가 완전히 소진되는 기분이 들곤 했다.

궤를 좀 달리하지만, 자우림 김윤아의 인터뷰 역시 녹록지 않았다. 앞선 준비 과정에서 그동안의 기사들 - 특히 과거 여러 인터뷰들-을 미리 찾아 읽고 나름의 예상 답안들을 도출해 후속 질문을 준비했지만, 자꾸만 말의 스텝이 엉켰다. 자우림의 여러 노래가 유의미한 메시지를 담고 있다는 것에 대한 이야기를 꺼내는 중에 "그저 괜찮은 어른이 되어야겠다고 늘 생각한다"는 말이 되돌아왔다. 인터뷰를 했던 당시, 자우림은 '일본군 위안부' 문제를 다룬 영화 <허스토리>에 '영원히 영원히'라는 OST로 힘을 보냈던 터다. '괜찮은 어른'이라는 다섯 글자가 한동안 마음 이곳저곳을 세차게 맴돌았다.

" "

어른이 되는 것은 간단하다. 어떤 물리적인 시간에 떠밀려 누구든 강제적으로 그 지위를 부여받기 때문이다. 특별한 자격 요건 같은 것은 애초에 없다. 문제가 있든 없든, 정해진 시기에 다들 똑같이 법적 성인이 된다. 하지만 '괜찮은 어른'은 전혀 다른 차원의 문제다. '좋은 어른'도 아닌 그저 '괜찮은 어른' 수준에 도달하는 것은 -적어도 내 기준에서- 아주, 몹시, 꽤, 상당히 어렵다. 여태 살아오면서 '괜찮은 어른'을 만난 적이 언젠가 싶을 만큼 극소수다. 물론 난 절대 그 범주 안에 들어가지 못하는 인간이다.

사회적으로 그렇게 평가받는 이들을 찾아 일을 도모한 적도 많다. 하지만 꽤 빈번하게 기대가 실망으로 바뀌는 경우가 있었다. 보이는 것과 실제의 괴리는 상당했다. 그런 이들은 공통적으로 자신만의 확고한 신념에 사로잡혀 있는 경우가 많았는데, 한 번 그렇게 굳어진 신념은 -그것이 옳고 그르고를 떠나- 타인의 삶의 방식을 재단하는 용도로 이용되곤 했다. 어쩌면 그들은 스스로 '꽤 괜찮은 어른'이라 생각하고 있을지도 모르겠다. 종종 "그렇게 생각하면 안 된다" "너는 도대체 왜 그러느냐" "이 방식은 잘못됐다"라고 선택을 강제한다. 지위나 직위를 이용한 이 같은 행위는 오히려 폭력에

" "

가깝다. 특히 위험한 것은, 이러한 목소리가 마음이 무너지고 약한 이들에게 어떠한 자책을 부추길 수도 있다는 사실이다.

세상의 많은 이들이 '괜찮은 어른'이 되기 위해 애를 쓴다. '괜찮은 어른'이 되기 위한 어떤 특별한 미션 같은 것이 세상에 존재하지도 않을뿐더러, 몰래 뒷페이지를 들춰서 정답을 미리 찾아낼 수 없다는 사실을 이미 알면서도 말이다. 그럼에도 불구하고 다들 이렇게 부단히 노력하는 것은, '괜찮은 어른'이 되고자 스스로 고민하고 점검하는 그 행위 자체가, '괜찮은 어른'에 한 발 다가서기 위해 꼭 필요한 태도라고 생각해서가 아닐까.

혹시 앞으로 누군가 바람을 물으면 "괜찮은 어른이 되는 것"이라고 답해야겠다.

"   "

에필로그: 당신의 하루 어딘가를 바꿔놓길

이 책의 원고를 처음 쓰기 시작한 건, 다니던 회사를 그만 두고 홀로서기를 막 시작했을 5년 전쯤이다. 서울숲 인근의 한 공유 오피스, 조그마한 개인 공간에 박혀 불안을 떨쳐내려 이것저것 시도하던 시절. 그때 이 『말의 숙성』의 초고가 태어 났다. '씨-멘트(SEE-MENT)'라는 이름의 프로젝트로. 원고는 쌓여갔지만, 단행본 작업에 쏟을 시간과 에너지는 부족했다. 당장 눈앞의 수입으로 이어지지 않는 일이었으니까.

좀 더 나은 삶, 행복, 자유를 위해 퇴사를 했지만, 그런 것 들이 바깥에서 손짓하며 기다리고 있지는 않았다. 주어진 건 오히려 '선택과 마감의 재촉'이었다. 더 많은 시간과 영혼을 쑤셔 넣고, 더 많은 스트레스를 견디면 그만큼의 보상이 따라 오는 구조. 어떻게 보면 굉장히 합리적이었지만, 또 한편으로 는 잔혹했다. 더 해도 덜 해도 비슷한 월급을 받던 지난날과 달리, 자본주의의 가열찬 채찍질은 나를 끊임없이 내달리게 만들었다. 멈출 수 없었다. 자칫 멈추기라도 하는 순간 다시는 뛸 수 없을지 모른다는 불안감이 나를 세차게 몰아세웠다.

그래도 매번 적당한 선에서 나름의 타협을 했고, '돈을 버 는 일' '해야 하는 일' '잘하는 일' 외에도 '하고 싶은 일'의 영역

" "

을 조금이라도 남겨두려 애썼다. 그중 하나가 콘텐츠를 직접 만드는 일이다. 글을 쓰고, 책을 내고, 나만의 언어로 세상과 다시 연결되는 일. 그리고 매년 한두 개쯤은 새로운 도전을 추가한다. 익숙한 틀에 머물지 않기 위해, 자의든 타의든 낯선 세계에 발을 내딛는다. 가급적 '의외성'을 띤 형태로.

삶은 여전히 녹록지 않다. 행복을 찾아 퇴사했지만, '그걸 찾았냐'고 묻는다면 선뜻 답하긴 어렵다. 부단히 새로운 일을 궁리하고, 새로운 모임을 만들고, 새로운 도전에 기웃댈 뿐이다.

그렇게 버티고 달려오며 또 하나의 결과물이 태어났다. 말의 생명력에 대해 이야기하고 싶었던 이 책, 『말의 숙성』이 누군가에게 조용히 닿아 작은 변화라도 일으키기를 바란다. 긴 시간 숙성된 문장들이, 당신의 하루 어딘가에서 아주 미세하게라도 온도를 바꿔놓길. 그 바람을 안고 이 책을 천천히 닫는다.

-2025년 가을의 초입, 깜깜한 옥수동 작업실에서

" "

말의 숙성

시간이 완성한 문장들

초판 1쇄 발행 2025년 11월 12일

지은이	박현민
디자인	소이컴퍼니
펴낸곳	우주북스
등록	2019년 1월 25일 제2020-000093호
주소	(04735) 서울시 성동구 독서당로 228, 2F
전화	02-6085-2020
이메일	gato@woozoobooks.com
인스타그램	woozoobooks
홈페이지	www.woozoobooks.com

ISBN   979-11-987498-2-6